JN079436

婚活戦略

商品化する男女と市場の力学

高橋勅徳

中央経済社

まえがき

43歳，初めて婚活を前向きに考えたときのこと

　確か今（2021年）から15年ほど前のことだったと思う。妹夫婦と当時小学生だった甥姪と一緒に，母方の祖父母の家に遊びに行った帰り際のことだった。

　　「研究もええが，そろそろ結婚も考えろよ」

　記憶にある限り，生前の祖父が「おう，元気だったか」以外で，私に話しかけた最後の言葉である。同級生や職場の同僚から「いいかげん結婚しろ」とからかい混じりに言われることは多かったが，耳が遠く寡黙な祖父が，いきなりそんなことを言ったので，たいそうびっくりしたのを覚えている。

　　「いい年だし，ぼちぼち考えるわ」

　私は笑いながら，曖昧にそう答えた。耳の遠い祖父に私の言葉がちゃんと聞こえていたのかは，今となってはわからない。ただあの会話は，祖父が私に何かの意思を伝えようとした最後の言葉であり，それ故に常に私の心のどこか刺さっていた。

　それからの15年は，研究職を得てからずっと携わってきた大きな研究プロジェクトの最後の仕上げになる書籍（桑田耕太郎・松嶋登・高橋勅徳（編）『制度的企業家』ナカニシヤ出版・2015年）の発刊，博士課程の指導を経て研究者となった弟子達とチームを組んだ新しい研究プロジェクトの立ち上げなど，経営学者として充実した時間を過ごしてきた。

　2018年2月に弟子達との研究プロジェクトの総決算となる書籍（高橋勅徳・木村隆之・石黒督朗著『ソーシャル・イノベーションを理論化する：切り拓か

れる社会企業家の新たな実践』・文眞堂）の最終校正が終わり，あとは出版を待つだけになった頃に，改めて祖父の最後の言葉を思い出していた。

「結婚，考えてみるか」

2002年に大学教員に就いてから16年あまり，私は研究活動と趣味に人生を費やしてきた。いや，1997年に大学院に進学して研究者の道を志してからの二十数年間，彼女が欲しいとか，モテたいという感情すら持ったことがなかった。

もともとモテない人間であったことも確かではあるが，正直，女性を避け続けてきたと思う。その理由は，自分自身にもわからない。女性と付き合うこと，所帯を持ち家族に関わることで時間も精神も浪費して，研究活動が停滞してしまうのを嫌がっていたのかもしれない。プライベートの時間のほとんどを，釣り，バイク，筋トレと1人で完結する趣味に夢中になっていたから，結婚を前提に女性と向き合おうという発想そのものがなかった。

この時，43歳。半年後には44歳を迎えるタイミングだった。晩婚化が進んでいるとはいえ，結婚はそろそろ諦めて然るべき年齢ではあった。ただこの頃，大学院生時代からの盟友である，神戸大学大学院経営学研究科・松嶋登教授に子供が生まれた。研究一筋でワーカホリック気味だった彼の生活が，子供といかに生活を楽しむかという方向に変わりつつあるのを，傍から見ていたタイミングであった。そんな彼の姿を見るうちに，一度も結婚を目指してアクションをとらないで生涯を終えるのは，悲しすぎる人生ではないか，そう自然に思うようになっていた。

「婚活，やってみるか」

そうして私はネットで婚活パーティーの情報を，貪るように読みあさり始めた。

婚活に夢を求めてはだめなのだろうか

　これが，企業家研究を専門とする44歳（当時）の公立大学の准教授である私が，遅ればせながら幸せを求めて婚活に取り組むに至った，大まかな経緯である。

　婚活という言葉が定着して15年近くの時が過ぎ，婚活をサポートする様々な会社（本書では，婚活総合サービス企業と便宜的に呼んでいる）が誕生し，私達の婚活をサポートしてくれる時代になっている。おそらく，日本の歴史上，今が一番，「恋人さがし」や「結婚相手さがし」を社会全体で応援してくれる時代になっている。

　しかし，現実には2011年から2018年にかけて，婚姻数は毎年 − 1.8%の減少を続けている。2019年には「令和婚」が一時的に流行し，婚姻数は2.1%の増加に転じたが，新型コロナウイルスの感染拡大の影響で2020年は − 12%の減少となった。年度ごとに多少のブレがあるものの，婚姻数は − 2%程度の減少を続けている[1]。

　この未婚化・晩婚化の現象についての研究者の議論は，本書の第1章「婚活概念の誕生と独り歩きの始まり」，第2章「婚活市場の成立と婚活の暴走」で詳細に検討していくことになるが，その結論そのものは実にシンプルだ。結婚したいなら男女ともに「現実を見ろ！」「選り好みをするな！」というものである。

　新型コロナウイルスの感染拡大と前後して，YouTubeなどのメディアを利用して，婚活総合サービス業のカウンセラーや結婚相談所の経営者の方々が，独自に情報発信を試みるようになった。ここでも，彼らは結婚相手の収入や容姿について高望みや選り好みをすることをやめ，自分自身の魅力を磨きながらも，地に足をつけた婚活をするべきだと伝え始めている。婚活の支援をしている事業者の方々にとって，女性も男性も収入・職業・容姿で選り好みをして結

1　日本総研（2021年）「少子化と未婚①：2020年の婚姻件数とコロナ禍に求められる出会い」（https://www.jri.co.jp/page.jsp?id=38545，2021年5月19日確認）

婚を先送りしながら年齢を重ねていくことについて，「なんでこんなことになってしまったのか？」と頭を抱えているのが現状のようである。

同時に，研究者や事業者の人たちから「現実を見ろ！」「地に足をつけた婚活をしろ！」と頭ごなしに言われても，「そんなことわかっている！　でも，自分でもなんでこんなことになっているのかわからないんだ！」と反論したくなる（あるいは，猛反論している）のが，今，この瞬間に婚活に取り組んでいる男女の偽らざる本音だろう。

なぜ，婚活しているのに結婚できないのか。なぜ，理想の結婚を求めて少なくない金額を費やしてまで婚活しているのに，「現実を見ろ！」「地に足をつけた婚活をしろ！」と罵詈雑言を浴びせかけられなければならないのだろうか。本書の執筆は，婚活の当事者としての筆者の，このような素朴な問題意識からスタートしている。

婚活は，なんでこんなことになってしまったのか？

書店で本棚を注意深く観察していると，さながら就職活動の指南書のように「こうすれば理想の結婚相手が見つかる」とか，「こうすれば理想の相手と結婚できる」といったような，マニュアル的な知識を提供してくれる本にあふれている。筆者自身も，2年半あまりの婚活を経験する中で，そのような書籍は散々読み漁ってきた。理想の結婚を求め，マニュアル本を読み漁り，トライ・アンド・エラーを繰り返していく。程度の差はあれ，婚活に挑む多くの人々が，このような行動をしていると思う。

それでもなお，婚活を進めるうちに「自分でもなんでこんなことになっているのか，わからない」という状態に陥り，親兄弟や友人関係，更には結婚相談所の担当者にまで「現実を見ろ！」「地に足をつけた婚活をしろ！」と説教をされるというのが，婚活を経験した人々の現実であるだろう。

婚活パーティーやお見合いを提供する婚活総合サービス企業も，結婚を望む男女それぞれのニーズを掘り下げ，最適のマッチングを探り，日々「あなたは，こうすればモテる」「こうすれば，相手の人に気に入ってもらえる」というサ

ポートを続けている。その結果が，婚姻数の減少と未婚化・晩婚化の促進であり，結婚したければ「現実を見ろ！」「地に足をつけた婚活をしろ！」という厳しい意見を悩める顧客に投げかけなければならない状況である。婚活をサポートする婚活総合サービス企業側も，「自分たちがしていることが，なんでこんなことになってしまったのか，わからない」と頭を抱えている状態にあると考えられる。

　実は婚活という概念を提唱し，現在の婚活市場を生み出す契機となった研究者たちも，同じ悩みを抱えている。

　婚活という概念は，山田昌弘・白河桃子が2008年に発表した『「婚活」時代』において発表された。その狙いは，少子化の原因をバブル崩壊後の「失われた20年」によって収入が不安定化した団塊ジュニア世代の未婚化・晩婚化に求め，団塊ジュニア世代に対して，結婚適齢期をすぎる前に世帯収入を基準とした配偶者探しをすべきと提示することで，減少の一途をたどる婚姻数を改善していくことにあった。

　しかし，その2年後の2010年に山田は『「婚活」現象の社会学：配偶者選択のいま』を発表し，未婚化・晩婚化が継続してしまったことを指摘している。婚活に注目する研究者たちは，その原因を，婚活の意味が女性が高収入の男性をゲットする活動へと変わってしまったことに求めている。その上で，全男性のうち年収400万円以上の男性は19％しか存在せず，そのうち結婚適齢期でかつ独身の男性はほとんど存在しないという現実を受け入れ，改めて世帯収入を基準とした配偶者選びを婚活の意味に回帰させることを求めている。

　学術の世界もまた，一方で結婚したければ「現実を見ろ！」「地に足をつけた婚活をしろ！」と指摘し，他方で「なんでこんなことになってしまったのか」と頭を抱えているのである。

婚活をしている／しようと考えている，すべての人のための研究書を目指して

　44歳の決意を経て2年半あまりの婚活を経験し，本書の執筆に取り組み始めた際，私はもはやマニュアル的知識の更新や，「現実を見ろ！」「地に足をつけ

た婚活をしろ！」といった婚活の心構えを変えるような説教では，我が国で生じている婚活による未婚化・晩婚化という現象を良い方向に変えることはできないのでは，と考え始めるようになった。

　マニュアル的な知識は確かに婚活の場で一番役に立つだろうが，実際には理想の配偶者を求める婚活に回収されていく。

　その状況で行われる「現実を見ろ！」「地に足をつけた婚活をしろ！」という説教は，理想の配偶者を求めて未婚化・晩婚化を選択することが当事者にとっての現実（リアル）であれば，迷惑な説教でしかない。

　むしろ，婚活が「なんでこんなことになってしまったのか」を，婚活に臨む人々の意思に還元していくのではなく，婚活市場という独特の力学を有する場において，婚活に臨む男女が「なんでこんなことをした／された」のかという視点から，理想の配偶者を求める選り好みや，その帰結としての未婚化・晩婚化を捉え直していく必要があるのではないだろうか。その先に，婚活において「結婚に夢を求めること」も，そのために「選り好みをしていくこと」も，肯定的に捉え直し，配偶者さがしや結婚そのものの是非，これからの婚活ビジネスのあり方について議論していくことによって，新たな方向性が見出されると本書は考えている。

　そのために本書は，婚活市場に働く力学を単に知識として提示していくのではなく，筆者自身が婚活パーティーや婚活総合サービスを利用した経験から，筆者が何を考えどのように振る舞ったのか，なぜそのような行動をしてしまったのか，さながら読者に追体験してもらえるようにリアリティをもって描いていくことを目指した。

　このような記述を通じて，婚活をしている／これからしようと考えている人たちにとっては，婚活市場の力学を踏まえた活動をしていく手がかりに，婚活総合サービス企業にとっては，自社の提供しているサービスが不可避にもたらす効果を知り改善していく手がかりに，そして研究者にとっては，婚活現象と付き合い，現状を打破していくための手がかりになるであろう。当事者，企業，研究者と婚活に関わるすべての人たちに，広く深く届く研究書にする，そうい

う期待を込めて，本書は『婚活戦略』というタイトルを掲げている。

　もし，『婚活戦略』というタイトルに興味を持って手にとった一般の読者の方で，研究書だから難しいだろうし，自分には読む必要がないと思ってしまったとしても，どうかここでページを閉じないでほしい。この本は，婚活をしている，あるいは婚活を考えている，すべての人たちのために書いた本でもある。

　また，学術書であることを期待して本書を手にとった研究者および大学院生の方々は，婚活という現象を個人の体験のみから迫り，現象を捉えようとする本書の文体に疑問や違和感を覚えるかもしれない。しかし，そのような疑問や違和感をも含めて，婚活という現象を読み手に「感じさせる」ことが本書の目的であり，その読書体験から理論を更新していく手がかりになることを目指している。

本書の想定する読者層と本書の読み方

　もともと，山田・白河（2008）が提唱した「婚活」という概念は，我が国が直面している少子化という問題に介入していくために戦略的に構築された概念であり，今や，我が国の結婚という現象を分析するための分析的な概念としても欠かせない存在となっている。それ故に，婚活を対象とした研究書である本書も現実との関わりを想定した3つの読者層を想定している。

　第1に，今まさに婚活に取り組んでいる・取り組もうとしている，すべての男女のために本書は執筆されている。第3章では婚活パーティーを，第4章では婚活総合サービス企業を利用した筆者自身の経験を，オートエスノグラフィーという独特な方法論から深く掘り下げていくことで，婚活市場という状況において筆者が何を考え，どのように振る舞い，最終的には婚活そのものから退却を決めた経緯について，私の感情の動きまで含めて赤裸々に記述している。その記述は，婚活の経験者にとっては「ああ，そういうことあった」と膝を打つこともあれば，これから婚活に臨もうとする人々にとっては「こんなことが起こるのか」と身構えてしまうこともあるだろう。

　本書の事例は私自身の個人的な経験であるために，たまたま特異な事例であ

ることは否定しない。ただし，2年半あまりの私の婚活の経験は，婚活市場において人々が織りなす力学の産物であることに注視してほしい。この力学を掴んでいけば，良き伴侶を求めるすべての男女が，婚活市場においてどのように振る舞うべきか，それぞれにその戦略を見出していくことができると，筆者は考えている。まずは第3章・第4章の事例記述から本書を楽しみ，婚活市場において男性・女性それぞれに可能な戦略についてのささやかな考察を行っている第5章をお読みいただきたい。

　第2に，本書は，婚活する人々を日々サポートする婚活総合サービスに従事する皆さんのために執筆している。婚活パーティー，登録会員のマッチングシステム，婚活のための各種研修サービス，担当者による精神面まで含めたサポートなど，各企業が提供する個々のサービスは，男女の出会いと結婚をプロデュースしていこうとする善意の積み重ねで出来上がっている。それは，私を含めたすべての利用者が実感していることであると思う。同時に，なぜ条件が一致しているはずなのに成婚につながらないのか，なぜ男性も女性も選り好みをして結婚への決断を先延ばしにしていくのか，といった問題に日々悩み，様々な取り組みをしているだろう。

　本書はこのような悩みに対して，善意の積み重ねで成り立っている婚活市場が，実は，婚活する人々を思わぬ行動へと導く力学を持つという視点から解き明かしていく。参加者にサービスを提供する婚活総合サービス企業の日々の業務フローでは，婚活から撤退した人間の経験を聞き，分析し，直していく機会はほとんどないだろう。是非，婚活現象に関する先行研究の展開と，婚活市場が抱える課題を検討している第2章から読み進め，第3章・第4章の事例記述で，婚活をサポートする各種サービスが人々をどのような行為へと導くかを知った上で，第5章における筆者からの婚活総合サービス企業への提案に目を通していただき，業務に反映していただきたい。

　最後に，本書は研究者への理論的貢献を目指して執筆している。本書は，婚活という現象を生み出し，多様な研究成果を蓄積してきた，主として家族社会学における多数の研究成果への大いなる敬意のもとで，婚活を経験した経営学

者からのアンサーとして執筆されている。もちろん，先行研究に関する理解不足に起因する誤謬や，オートエスノグラフィーという方法そのものへの疑義，本書の導く結論に対する疑問は当然存在するものであると筆者も考えている。同時に，経営学者の持つ独特な理論的視座から婚活現象に迫った本書から，婚活という現象に取り組む専門の研究者の皆さまが，新たな理論的知見を見出していくことを期待している。

　更に同業者である経営学者にとって，本書は極めて不可解な研究に思えるかもしれない。そもそも，婚活という現象に経営学者が取り組む必然性すら，見出すことができないと思われる。しかし，自分自身を現象の只中に投げ込み，その経験を対象化して論文を執筆していくオートエスノグラフィーという方法の可能性とともに，経営学の持つ理論的視座をあらゆる社会現象へと適用し，研究対象を広げていく一つの挑戦として本書を読み取っていただければ幸いである。

目　次

第**3**章　婚活パーティー
婚活市場で無力化していく私

第 1 章

婚活概念の誕生と独り歩きの始まり

「まえがき」で書いたように，本書は「結婚，考えてみるか」という極私的な動機からスタートしている。その当時（2019年3月頃）の私にとって，婚活とは1人の生活者として配偶者を探索するための当たり前の現実的手段であり，極めて自然に婚活に関する先行研究を読み漁り始めた。

なぜ「婚活」のためにアカデミックな文献を読み込んでいく必要があるのか，と読者の方は不思議に思うかもしれない。むしろそのような場面で読むべきは，書店に行けば無数にある婚活や恋人作りのためのノウハウ本であるべきだ，と多くの人々は思うだろう。婚活することに舞い上がった研究者がとった，珍妙な行動に見えてしまっても仕方がない。

しかし，少し思いとどまっていただきたい。研究者が執筆してきた婚活に関する論文や書籍は，アカデミックな裏付けのもとで執筆され，出版されたものである。婚活という現象がどのように成立し，その中で男女がどのように振る舞い，どのような結果が生じているのかについて，アカデミズムは，過去の恋愛・結婚に関する研究蓄積に基づく理論的な考察と正統な手続きに基づいた調査を行い，学会内での査読プロセスを経て多様な論考や分析結果を発表してきた。これから参加する／参加している婚活において，自分自身が直面する事態を理解するためには，実は学術的な論文から得られる知識が一助となる。

もちろん，婚活を対象とした学術的研究は，ノウハウ的な知識を提供するために書かれたものではない。ここからアカデミックな論考が続くとなれば，ページをめくる手が止まる人たちも（きっと，たくさん）出てくるだろう。それこそ，明日の婚活パーティーに参加するための服装に悩んでいるのであれば，ファッション誌やノウハウ本を参考にする方が役立つだろう。実際，私もそうしている。

しかし，そのようなノウハウ的な知識が一切通用しなくなったとき，今，自分の身に何が起こっているのかが全くわからなくなる瞬間が必ず訪れる。その際，婚活という概念を提唱し，この婚活という概念があらぬ方向に独り歩きし始めたことに注目する研究者達の議論は，ノウハウ的な知識からは得られない角度からの知見をもたらしてくれ，悩みから抜け出す手がかりになるはずだ。

1　未婚化・晩婚化の原因

婚活は，さながら就職活動のように配偶者を探索していく活動として定義されている（eg., 山田・白河，2008；山田，2010）。この概念は，提唱者である山田昌弘が，雑誌『AERA』2007年11月5日号において提唱したのが初出であるとされる。その後，山田・白河（2008）によって発表された『「婚活」時代』の大ヒットと，2008年度・2009年度に新語・流行語大賞にノミネートされたことにより日常的な用語として定着し，配偶者を探索する日常的な活動として認知されるようになった。

この婚活という概念は，少子化という社会問題の原因を団塊ジュニア世代の未婚化・晩婚化に求め，その解決策として極めて戦略的に生み出された概念であった。

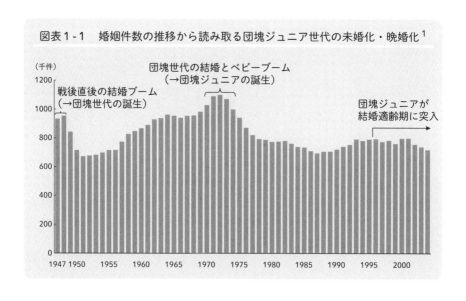

図表1-1　婚姻件数の推移から読み取る団塊ジュニア世代の未婚化・晩婚化[1]

1　厚生労働省（2004）『2004年度 人口動態統計』に基づいて筆者が加筆。

　実は，現在の日本における少子化は出生率の低下ではなく，団塊ジュニア世代—1974年生まれの私も団塊ジュニア世代である—で未婚化・晩婚化が進み，人口を再生産するだけの子供が生まれなかったことが直接の引き金となっている（山田，2010，18頁）。

　終戦直後の1947年から団塊ジュニア世代が結婚適齢期を迎える2004年までの結婚数の推移を示したのが図表1-1である。終戦直後の結婚ブームから約20年後の1969年頃から団塊世代の結婚ブームが生じている。しかし，その20年後にあたる1990年代に結婚件数は微増したものの，団塊ジュニア世代が結婚適齢期を迎える1996年頃には結婚数は下落し始めているのである。

　また，1975年時点の平均初婚年齢は男性が27.0歳，女性は24.7歳であるのに対して，1990年時点で男性は28.2歳，女性は25.9歳，2006年には男性が30.0歳，女性が28.2歳にまで上昇している[2]。この晩婚化の傾向に歩調を合わせるように，出生率も低下していったのである。

　ここで問題は，団塊ジュニア世代の未婚化・晩婚化がなぜ進んでしまったのか，ということにあるだろう。山田（2010）は，団塊ジュニア世代以降の未婚化・晩婚化を，経済的要因と社会的要因の複合的問題として説明している（176-178頁）。

　まず，団塊ジュニア世代は高校生～大学生の間にバブル景気のピークとバブル崩壊に直面し，就職活動を経て30代の社会人生活を「失われた20年」の只中に置かれた世代である。バブル景気の時期に結婚や子育てに期待する生活水準が大幅にして高止まりしたままであったのに対して，失われた20年の間に非正規雇用化と給与削減が進み，この世代が稼ぎ出せる収入水準が低下していった。いわば，団塊ジュニア世代の多くは，大学入学後にバブル景気が崩壊し，不景気の中で派遣労働が一般化し就職そのものに苦労しただけでなく，正規雇用にありつけたとしても団塊世代のように年功序列で給与が上がることもなかった。その結果，結婚適齢期の団塊ジュニア世代のうち，理想とする結婚生活を実現

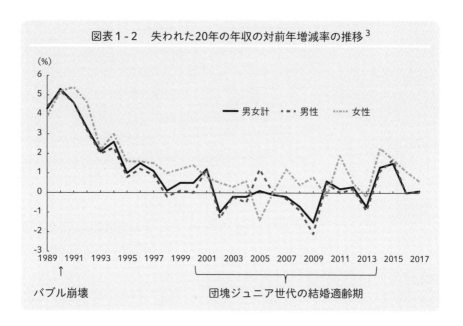

図表1-2　失われた20年の年収の対前年増減率の推移[3]

するに足る経済的状態にある人々そのものが少なかったのである（図表1-2）。

　次に，高度経済成長期とバブル期にかけて進んだ，見合い結婚の減少による出会いの機会の減少である。中村（2017）は人口動態統計社会経済面調査の経時的な分析を通じて，見合い結婚が大都市で40%，町村で64%を占めていたのに対して，1970〜1980年代には30%に減少し，2000年代には10%を切る水準にまで下落したことを指摘する（50-51頁）。当然，見合い結婚の減少は，学校や職場，仕事上での出会いをきっかけにした恋愛結婚によってカバーされていくことになる。この職場での恋愛結婚について，岩澤・三田（2005）は，2000年頃には減少し，代わって友人や兄弟関係が出会いの機会として伸長していったことを指摘している（26頁）。

3　厚生労働省（2017）『平成29年賃金構造基本統計調査』に基づき筆者が加筆。

　つまり，1980年代には恋愛結婚が主流化し，結婚適齢期の男女に見合い相手を紹介する仲人や，結婚相談所の利用を勧めたりする世話焼きの親兄弟や親戚が減少を始めた。バブル崩壊までは職場恋愛が配偶者探索の主流であったが，失われた20年の間に雇用が不安定化したことで出会いの機会が減り，職場恋愛そのものが成立しづらい状況になったと考えられる。

　山田（2010）は，この経済的条件の悪化と出会いの機会の減少に，女性がバブル期に高止まりした生活水準を維持した結婚生活を実現する年収を男性に求めたことが未婚化・晩婚化に追い打ちをかけたと指摘する。

　団塊ジュニア世代の男性は，失われた20年の間に平均年収は確かに低下したものの，共働きでともに生活を支えるパートナーとして配偶者を求める傾向が強くなっただけで，結婚願望そのものを失ったわけではなかった。他方で，女性は結婚後に専業主婦となり，家計維持を男性の収入に期待する意識にほとんど変化が見られていなかった[4]（山田，2010，23-24頁）。その結果，男性が得ている年収と女性が求める結婚後の生活とに不一致が生じ，団塊ジュニア世代の未婚化・晩婚化が引き起こされたのである。

2　婚活概念の誕生と独り歩き

　このような団塊ジュニア世代の未婚化・晩婚化に警鐘を鳴らし，結婚生活に求める条件の位相を変える概念として山田・白河（2008）が提示したのが，「婚活」という概念であった。彼らは，婚活を提唱した背景を，以下のような経済社会的な変化から説明している。

　そもそも日本の給与所得者のうち，年収1,000万円を超える収入を得ている

4　山田（2010）は，「「結婚相手の年収は800万円くらいなければ生活できない」と年収200万の契約社員が堂々と希望を述べているのを聞くと，男性にとってつらい時代が来ていると思わざるを得ない。実は，高収入男性を求める傾向は，キャリアウーマンも同じで，あからさまに収入の額を言う人は少なかったが，自分より年収が高い人とか尊敬できる人（暗に高学歴，専門職を想定している）と答える女性が多い」（24-25頁）と指摘している。

男性は5%弱の250万人程度であるとされている。そのうち，結婚適齢期の独身男性は，何万人存在するだろうか。この数字について，正確な統計的データは存在しないが，婚活で女性が年収1,000万円の独身男性に出会える確率は，極わずかしかないと考えることが自然である。そもそも，本書の冒頭で指摘しているように，年収400万円以上の男性は19%しか存在しないのである。

　だからこそ，女性もその現実を受け入れ，共働きを覚悟し，「結婚後でも，経済的にそこそこ生活できる」（山田，2010，35-36頁）世帯収入の実現を基準とした現実的結婚を目指す必要がある。

　とはいえ，現代社会で出会いの場そのものが減少していることは，現実的結婚を目指す際に障壁になる（山田，2019a，113-118頁）。仲人や結婚相談所が適切な結婚相手を斡旋してくれた戦前から高度経済成長期，職場恋愛という形で相手の収入から人柄までを見極める期間を得られたバブル景気時代と異なり，2000年代の日本は，恋愛結婚を前提としながらも男女が出会う機会そのものが減ってしまった。だからこそ男女問わず結婚するためには，異性と出会う機会を能動的に作り，恋愛関係を成立させなければならなくなったのである。

　そこで，山田・白河（2008）は，結婚のためには，さながら就職活動のように自身の魅力を上げるために自己投資し，コミュニケーション能力を磨き上げ，異性と出会う場を作り，互いの求める結婚生活の条件を調整していく「婚活」が必要であると提唱したのである（108-109頁）。

　このように，婚活という概念は，山田・白河（2008）の『「婚活」時代』によって，我が国の少子化問題を解決していくために提唱された戦略的な概念であった。周知のとおり，婚活という現象は，同書のヒットと婚活の流行語化が起点となって形成されていった。

　しかし，流行語となった婚活は，配偶者探索の新たな現実と化した時，提唱した山田・白河（2008）の想定を超える独り歩きを始めてしまう。

　実際，『「婚活」時代』を発表した2年後に，山田は自身が提唱した婚活という概念が形作った婚活現象について，山田編（2010）『婚活現象の社会学』において，以下のような問題提起をしている。

「「婚活」は，出会う前に，自分を磨いて魅力を高める，特に，男性にとっては
コミュニケーション能力を高めること，女性にとっては経済力をつけること，
そして，何より，「男は仕事，女は家事」という固定的性別役割分業意識から解
放されることを強調していたし，付き合った後も，相手と将来の結婚生活をめ
ざし，お互いの希望を調整することなども，「婚活」に含めていた。（中略）「婚
活」を提唱した本来の意図は，性役割分業で全員がうまくやっていくのはもう
無理だという覚悟を，特に女性に求めるものであった。女性が期待する年収を
稼ぐ男性の絶対数が少ないことを認識させ，男性が高収入でなくても，自分で
稼いで収入を得れば，そこそこの生活もできる。だから，好きな人を見つけて，
彼が高収入でなくても結婚して，共働きで生活しなさいという勧めだったのだ」
（山田，2010，37-38頁）

　婚活という概念が提唱されてからたった2年の間に，婚活という言葉が持つ
意味は，提唱者たちがこの概念に込めた意図から大きく逸脱し，女性が高収入
の男性を配偶者として獲得する手段として独り歩きし始めていたのである（関
口，2010，155-156頁）。この概念の独り歩きに対して，研究者は婚活概念の持
つ本来的な含意を強調しつつ，婚活女性には男性の平均年収の現実を踏まえた
上での妥協を勧め，男性には年収の壁を乗り越えられる恋愛関係を女性と築き
上げる自己研鑽の努力を求めてきた（eg., 山田・白河，2008；山田，2010；山
田・白河，2013）。実はこれが，本書の冒頭に書いた，「現実を見ろ！」「地に
足をつけた婚活をしろ！」というお説教の始まりである。
　山田たち研究者の問題提起から更に約10年が過ぎた2019年頃から，婚活をサ
ポートする現場から同様の問題提起がなされるようになった。
　例えば，婚活分析アドバイザーである三島（2019）は著書『「普通」の結婚
が，なぜできないの？』において，婚活女性に対して，多くの女性が男性に求
める年収500万円以上の収入は30代男性では6.2％でしかないという現実を突き
つけ，結婚するためには年収400万円台まで条件を下げる必要を指摘した。男
性の平均年収の低下と未婚化・晩婚化の関係は，山田・白河（2008）をはじめ

として各所で指摘されてきたことであったが，婚活女性に対して改めて指摘せねばならない現実が現場に生じ始めたのである。

　同様に，荒川（2019）は著書『結婚滅亡：「オワ婚時代」のしあわせのカタチ』において，統計データの分析に基づいて，女性のニーズと男性の平均収入の不一致から女性余りの現実を描き出す（図表1-3）。

　2015年度の出生動向基本調査に基づけば，結婚適齢期といわれる20〜34歳の未婚男女の人口差は約99万人の男性余りである[5]。20代に限定した場合は，約55万人の男余りとなる。しかしながら，荒川（2019）は，現代の婚活市場において強烈な女性余りの状態になっている可能性を指摘する（48-49頁）。2015年に内閣府が発表した「少子化対策に関する意識調査」において，未婚女性が希望する相手の理想的年収は400〜500万円が26.2%で最も高く，全体の約72%が400万円以上を希望している。それに対して，20〜34歳の未婚男性の平均年収は400万円未満が81%を占めている。つまり，全未婚女性が「結婚してもよい」と思える収入を得ている男性は19%であり，婚活市場はこの19%を奪い合っているのだ。もちろん，すべての未婚女性が結婚に対して積極的であるわけではない。そこで荒川（2019）は出生動向基本調査から独自に結婚前向き率[6]を算出し，結婚に前向きな未婚女性が約308万人であり[7]，彼女たちが希望通りに年収400万円以上の男性を求めた場合，約163万人の女性余りになると指摘する。

　この荒川（2019）の指摘は，必ずしも統計データを利用した分析上のマジックではない。2020年代に入ると，結婚相談所の経営者や婚活総合サービス企業のカウンセラーがYouTubeを通じて，婚活市場での女性余りの現実と男性が

5　20〜34歳の未婚男性が6,627,284人，未婚女性が5,636,442人である。

6　出生動向基本調査のデータの結婚に関する質問項目で，「1年以内に結婚したい」「理想の相手ならしてもよい」といった結婚に前向きな回答をした未婚男女の割合を指す。荒川（2019）によれば，20〜34歳で結婚に前向きな未婚男性が4割なのに対して，未婚女性は5割であり，結婚前向き率に基づいた場合，婚活市場は約9万人の男性余りになると指摘している（46-47頁）。

7　荒川（2019）は，未婚女性のうち20〜24歳の39%，25〜29歳の67%，30〜34歳の73%が結婚に前向きであると算出している。それに対して未婚男性の結婚前向き率は，20〜24歳が30%，25〜29歳の51%，30〜34歳の64%である（荒川，2019，47頁）。

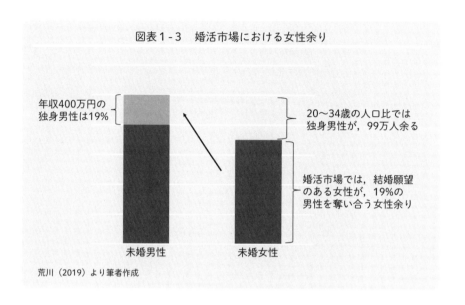

図表1-3　婚活市場における女性余り

年収400万円の
独身男性は19%

20〜34歳の人口比では
独身男性が，99万人余る

婚活市場では，結婚願望
のある女性が，19%の
男性を奪い合う女性余り

未婚男性　　　　　　未婚女性

荒川（2019）より筆者作成

婚活に背を向け始めたことを伝え，現場の肌感覚から警鐘を鳴らす情報発信が急速に拡大し始めた。その一例が，図表1-4である。

　これらの動画は，筆者自身が婚活を経験する中で発見し，視聴したものであるため，サンプリングに偏りがあることはご了承いただきたい。ただ，これらの現場の声は，婚活女性に対しては，収入・職業・容姿で男性を選り好みしているうちに婚活市場から男性が離れ女余りになっていること，婚活男性に対しては，若いうちに結婚を想定し，女性と交際するためのマインドセットや生活習慣を持つことを強調している点で，共通点を有している。重要なことは，婚活女性の選り好みによる結婚の先延ばしが，未婚化・晩婚化の原因として現場からの声として公然と語られるようになったことである。いわば，2010年の段階で山田らが警鐘を鳴らした，女性が高収入の男性を配偶者として獲得する手段としての婚活の危険性が，2020年代についに現場も許容できない水準に達する形で表出したと考えられる。

図表 1 - 4　現場からの動画配信タイトルの例（2021年 1 月 6 日確認）

配信者	婚活女性向け　動画タイトル	婚活男性向け　動画タイトル
さよなら婚活チャンネル[8]	「婚活男性可哀想すぎ！」 「アラフォー女性が婚活で勘違いしている 3 つのこと」 「結婚相談所になぜ男性が少ないの？」 「【婚活】生涯未婚率上昇の一番の原因（男性 4 人に 1 人は一生独身，女性 7 人に 1 人は一生独身）」	「【婚活】結婚できない男性予備軍の人はこんな人！」 「【婚活】50代初婚男性婚活無理説!?」 「【婚活】3 低男子は婚活厳しい？」 「【婚活】婚活がうまくいかない40代初婚男性に物申す!!」
婚活KOKO YouTube チャンネル[9]	「「日本では」婚活しても成婚に至らないオンナがあふれている大きな理由」 「婚活までしてる日本のオトコはわざわざ年上オンナを結婚相手に選ばない」 「婚活男子の大多数が苦悩しているオンナのヤバイ話」 「アラフォー以上のオンナがその歳まで 1 人だったメチャ納得の理由！」	「ナゼ50代に突入しても「人生計画ノープラン」の男が多いのか？」 「高収入，容姿マトモ，性格良くても結婚できない男はコレが問題」
本気で結婚したい方への婚活塾　目指せ 3 ヶ月婚活[10]	「【絶望的】35歳以上の女性はなぜ結婚できないのか？」 「【リアル婚活】40歳の女性が婚活するとこうなる」 「【婚活の不思議】年下男性を希望する30代女性」	「【婚活の厳しい現実】40歳男性が婚活をしたら結構悲惨」 「婚活で不人気な男性スペックを大公開！」

8　https://www.youtube.com/channel/UC2Xn_1DDZJaaEtpPwh-qJtw

9　https://www.youtube.com/channel/UCAO_NuO5nCvrp9avrhYfBqg

10　女性用：https://www.youtube.com/channel/UCpn3UpHMQTh0g_Kup0DiXTQ
　　男性用：https://www.youtube.com/channel/UCHTAtqhbj8kqAHvE2gJmFIg

　この現実に対して，研究者も現場も，女性には理性を信じて妥協を求め，男性には同情しつつも更なる忍耐と努力を求めることしかできずにいる。だからこそ，「現実を見ろ！」「地に足をつけた婚活をしろ！」と婚活している男女に説教をしているわけだが，その先にあるのは，本書の「はじめに」で述べているように，「そんなことわかっている！」という反感と，「なんでこんなことをした／された」のか当人たちもわからないという現実である。これが，婚活が独り歩きした先に我々が直面している，婚活現象の理論的・実践的な行き詰まりであるだろう。

　この行き詰まりを解決していく途は，なぜ婚活女性は自身の条件に妥協することがなく，婚活男性には忍耐と努力が求められてしまうのか，婚活という場がいかに成立しているのかについて，改めて問い直していくことにあると本書は考えている。

第 2 章

婚活市場の成立と婚活の暴走

　山田・白河（2008）は団塊ジュニア世代以後の未婚化・晩婚化の原因を，極言すれば男性の収入の低下および雇用の不安定化と，バブル時代の生活水準を維持したまま専業主婦になることを希望する女性の結婚観のミスマッチに求めてきた。それ故に彼らは，男性と女性の間で共働きを見据えて，世帯収入を基盤に家族としてのライフプランを構築していく意見のすり合わせとして，婚活という概念を提唱してきた。この婚活という概念が提唱された2008年は，いわゆる失われた20年と呼ばれる長期的な経済不況の只中にあった。当時，団塊ジュニア世代が30代半ばに差し掛かっていたことを考えれば，世帯収入を前提とした婚活は必要不可欠な政策的提案であったと考えられる。

　しかしながら，団塊ジュニア世代以後の未婚化と晩婚化が男性の経済的状況と女性の結婚観のミスマッチであるとすれば，景気回復と雇用対策が最も効果的な少子化対策であるといえることに，注意が必要であるだろう。実際，我が国の平均年収の低下は平成21年度の406万円で底を打ち，令和元年に437万円にまで回復している。ピーク時の平成9年の467万円にこそ届かないものの，2010年代後半は男性の経済的状況も雇用状況も回復傾向にあった。

　ところが，山田（2010）や小林・川端（2019）が指摘しているように，2010年代以後も一貫して未婚化・晩婚化は解消しなかった。これはもちろん，40代半ばに差し掛かった団塊ジュニア世代が婚活市場から退場しつつあることが原因の一つではある。しかし同時に，2010年代後半から比較的雇用が安定し給料が上がり始めてなお，団塊ジュニア世代以後の若者にも依然として未婚化・晩婚化が引き継がれてしまっているのである（図表2-1）。

　この団塊ジュニア世代以後に未婚化・晩婚化が引き継がれてしまった原因として考えられているのが，婚活の意味が「女性が高収入の男性を配偶者として捕まえる活動」（関口，2010，155-156頁）として独り歩きしてしまったことである。これについては，山田（2010）をはじめとしてアカデミズムにおいては，2010年代初頭より婚活概念に込められた本来的含意の履き違えとして指摘されてきた。それに遅れること十年あまり，婚活の意味内容の変化は，三島（2019）や荒川（2019）の書籍出版を嚆矢に，婚活を支援する現場からも問題視する声

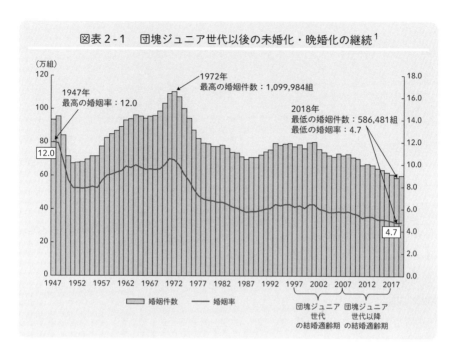

図表 2 - 1　団塊ジュニア世代以後の未婚化・晩婚化の継続[1]

が大きくなり始めている。

　ここで注目したいのは，荒川（2019）が指摘しているように，男女の結婚への意欲は大きく変化していないことである（45頁）。結婚への意欲に変化がないのであれば，経済的状況が回復基調になれば成婚数が増えてもおかしくないはずであった。景気が回復基調にあった2010年代に成婚数が伸びなかった原因について，先行研究も婚活サポートの現場も，高収入男性を無謀にも求める婚活の暴走として，女性にその原因を求める言説が主流となっている。なぜ，婚活女性の暴走のみが強調されてしまうのだろうか？

　この問題に対して本書では，失われた20年の間に生じた男性の収入低下と女性の配偶者に求める条件のミスマッチではなく，配偶者探しを支える社会・文化的な制度変化から迫っていきたい。

1　内閣府（2021）『令和2年版　少子化社会対策白書』に基づいて筆者加筆。

1　お見合いと仲人による結婚の正統化

　我が国における婚姻のパターンは，家同士の取り決めによる見合い結婚から当人同士の合意に基づく恋愛結婚，婿入り／嫁入り婚など，時代や地域，社会階層ごとに多様性を有していたことが歴史学・民俗学において指摘されている。

　その中でも現代にも残る仲人制度は，もともと家制度が確立した社会階層・地域において，家同士の利害相手を調整し，結婚までを取り仕切る役割として生まれたとされている（落合，2004，48-49頁）。仲人とは，家制度を中心として社会階層（武士・貴族など）や地域社会の再生産を媒介する役割を有していた。それ故に仲人にはロールモデルとして夫婦円満であることが求められるだけでなく，家間の利害調整を実現しうるだけの社会的地位を有していることが求められていた。

　既に江戸時代には，農村部から多数の独身者が流入する江戸・京都・大阪などの都市圏において，生業として仲人が誕生していたとされる（今井，2015，20-21頁）。これは，人の流動性が高い都市圏では配偶者探索の範囲が広がりすぎるため，家柄を考慮しつつ適切な結婚適齢期の男女を引き合わせ，結婚まで取り仕切る専門職として仲人業が求められるようになったからであるとされる。この専門職としての仲人は，見合いを斡旋した家から，結納金や持参金の１割を礼金として受け取っていた。同時に，江戸時代において礼金を目当てに結婚を斡旋する仲人は，批判の対象でもあった（今井，2015，21-22頁）。いわば，結婚という家と家の私的問題に礼金目当てで介入していくことは，地域社会の名士たる仲人としての品格に欠ける無粋な行動とみなされていたのである。

　そして阪井（2009）は，明治維新以後の文明開化以後に導入された個人間の自由恋愛という近代的な結婚観と，家制度を中心とした結婚という伝統との矛盾を解消する存在として，近代的な仲人が再制度化されたと指摘する。この仲人は，一方では，家という旧弊とは異なる自立した個人間の自由恋愛での結婚を家同士の結婚として正統化する存在として，他方では，見合い婚を個人同士

の出会いと自由意志での結婚として取り仕切る存在として，近代と伝統を橋渡しする役割を担っていた（阪井，2009，96-99頁）。現代においても結婚式や披露宴において，職場の上司などに仲人を依頼する風習があるのは，明治期に制度化された近代的な仲人が，意味合いを変えながら残存していると考えることができるだろう。

2　ロマンティック・マリッジ・イデオロギーと結婚相談所の変化

　結婚相談所は，この仲人が明治期に事業化されたものであるとされる。1880年（明治13年）には養子女婿妻妾縁組中媒取扱所が大阪で設立され，1884年（明治17年）には東京で渡辺結婚媒介所が設立されている（eg., 中山，1928）。これは，江戸時代に武士や豪商，豪農という特定の社会階層に必要であった仲人が，明治維新を経て階級社会が解体・再編成されていく中で，国民としてあるべき結婚を支援する仕組みとして求められたと考えられる。いわば仲人業・結婚相談所は純然たるビジネスというよりは，伝統的な家制度と近代的な個人を前提とした自由恋愛との間の軋轢を解消し，結婚を促していく私的領域の活動の延長線上にあった。

　しかし，仲人・結婚相談所という人々の結婚を正統化し，促していく仕組みは，高度経済成長を境に退潮していく。戦前に7割を占めていた見合い結婚は，高度経済成長期に減少を続け，1960年代末以降は恋愛結婚が見合い結婚を上回り，1990年代半ばには見合い結婚は1割を下回った（中村，2017，50-51頁）。

　この見合い結婚の退潮の背景にあるのが，恋愛結婚の社会的意味の変化である。谷本・渡邊（2016）は，1970年代から2000年代の一般雑誌を対象としたテキストマイニング分析から，恋愛を（仲人が媒酌する）結婚（式）によって正統化されたものとみなすロマンティック・ラブ・イデオロギーは1980年代に弱体化し，1990年代より恋愛によって結婚が正統化されるというロマンティック・マリッジ・イデオロギーに変化したことを指摘する（65頁）。戦前から高

度経済成長期までの間，恋愛は仲人が取り仕切る結婚によって社会的に認められる行為になった。しかし，バブル期以後は恋愛関係のない結婚そのものが，社会的に認められない行為に変わったのである。伝統的な家制度の維持のための結婚と個人間の自由意志に基づく近代的な結婚との間の軋轢はほぼ消失し，仲人・結婚相談所の役割も失われていったと考えられる。

　実際，このロマンティック・マリッジ・イデオロギーは，結婚相談所の利用者の配偶者探索のあり方にも大きく影響を与えている。小澤・山田（2010）は結婚相談所の職員への聞き取り調査を通じて，「見合い結婚でも，恋愛を求める。見合いだからと言って，生活できれば誰でも良いというわけでは無い。あくまで，恋愛感情が芽生えなければ交際に進展しないケースが多い」（72頁）ことを指摘する。極端な言い方をすれば，かつての仲人・結婚相談所を利用した見合い結婚は，ロマンティック・マリッジではないものとして，後ろめたい存在へと化けていたのだ。

3　婚活総合サービス業の台頭と婚活市場の成立

　この仲人・結婚相談所制度の役割の喪失と入れ替わるように登場したのが，婚活総合サービス業である。この婚活総合サービス業というのは，筆者による造語である。伝統的な仲人・結婚相談所と，2000年代の婚活総合サービス業は，配偶者探索を支援し，結婚をサポートしていくことで利益を得ていく事業体である点では同じである。しかし2000年代以後，我が国においては結婚が恋愛（あるいは家同士で行うお見合い）から結婚へという私的領域の活動から，婚活パーティー，アプリ・SNSサービスなどを提供する婚活総合サービス企業を利用し，当事者同士が自由恋愛を基盤に理想の結婚を目指して配偶者を探索していく新興市場として，婚活市場が形成されていった。そこで，我が国の歴史と伝統に根付いた仲人・結婚相談所と，婚活の流行以後婚活に臨む人々をトータルでサポートしていく事業者を区別していくために，本書では便宜的に婚活総合サービスという用語を用いることにしたい。

　2008年に実施された「働き方とライフスタイルに関する全国調査」によれば，過去1年以内に異性と出会い交際につながった20〜40代の男女のうち，約4割が婚活総合サービスを利用したことが指摘されている（三輪，2010，28-29頁）。2010年代には地方自治体が少子化・過疎化対策で婚活総合サービスと提携するなど[2]，男女の出会いの場を提供し結婚を促す方法として着実に普及を続けている[3]（e.g., 大瀧，2010；小林・能智，2016）。

　婚活総合サービス企業は，年齢や年収，職種，趣味などの条件を設定した婚活パーティーやアプリ・SNSサービス，マッチング（お見合い）サービスなどを男女の出会いの場として提供していくだけではなく，理想の配偶者を得るためのファッションや話し方の講座などもサービスとして提供し，月会費や参加費，成婚料などから収入を得ていく。あくまで恋愛結婚を前提としつつ，男女の出会いと恋愛関係の成立をサポートしていくことを目的としているのである。婚活総合サービス業は，自由恋愛を前提とした個人間の自由意思に基づく結婚，すなわちロマンティック・マリッジ・イデオロギーを担う事業体として制度化された事業体といえるだろう。

　かつて国家，家，職場といった共同体の再生産に紐付けられ，近代と伝統を橋渡しする事業体として制度化された仲人・結婚相談所は，結婚適齢期にある人々を「そろそろいい年だし結婚しなききゃ」と意識させ，親兄弟や職場の上司が「いい人がいるから結婚しなさい」と諭す際に半ば強制力を発揮してきた。仲人は「仲人は親も同然」と言われ，家という共同体を維持する役割を担ってきた。それが，戦前から終戦直後の婚姻のうち7割が見合い結婚であったという実態にも表れていた。

　それに対して，1990年代以降にロマンティック・マリッジ・イデオロギーとして主流となった個人間の自由意志に基づく恋愛結婚は，結婚の理由も，そこ

2　https://prtimes.jp/main/html/rd/p/000000384.000007950.html（2021年1月6日確認）
　を参照のこと。
3　ただし，婚活総合サービス企業の登場によって，実際の婚姻数の増加につながっているわけではない。

から得られる利害も，集団ではなく当事者に帰属していく。愛する人と一生を
ともに過ごしたい，子供が欲しい，老後が心配など，結婚の理由と求める利害
は個々にそれぞれあるだろう。しかし現代の結婚は，当事者の意思や希望を超
えて，その理由や成果が家という共同体の維持に紐付けられていない（結婚の
結果，家族という共同体が生まれることはあっても）。このことが，戦前から
高度経済成長期までの結婚と現代の結婚の決定的に異なる点である。

　婚活総合サービス業は，この個人の利害に帰属する結婚に注目する。彼らは
恋人や配偶者を求める個人の願望をニーズとして吸い上げ，出会いと恋愛をサ
ポートするサービスへと転換していくことで対価を得る営利事業として登場し
た。婚活総合サービス業は，人々を年齢や職業・年収，趣味などの指標でデー
タベース化していくことで「こういう条件の人と結婚したい」というニーズを
明確化し，婚活パーティーやマッチングサービス，お見合いをセッティングす
ることで，仲人・結婚相談所時代や職場での自由恋愛時代を超える多くの人々
と出会う機会を提供していく。いわば，個々人のロマンティック・マリッジと
結婚から得る利害の矛盾なき追求を媒介する存在として登場したのである。

　他方で，指標のもとでデータベース化された異性との出会いの場は，かつて
の家同士で条件調整を済ませた見合いとも，職場や教室において長期的な人間
関係から育まれる恋愛関係とも異なる，理想の配偶者を求める男女が比較考量
する／される場と化していく（eg., 高橋，2020；高橋，2021）。さながら，か
つては親兄弟や出身校の人脈で職場を探していた就職活動が，リクルートをは
じめとする就職支援企業の登場によって，就職希望者も採用側も互いに比較考
量を繰り返し理想の雇用を求めていく就活市場が形成されたように，婚活も婚
活総合サービス企業の登場によって，「ロマンティック・マリッジ」を実現し
うる配偶者を求めて比較考量を重ねることが可能な婚活市場が形成されていっ
たのである。実は婚活の独り歩きと婚活女性の暴走は，この婚活市場の誕生と
不可分に生じた，主として女性の婚活戦略の実践に起因すると本書では考えて
いる。

4　婚活戦略への注目

　婚活概念の提唱とともに成立し，急速に拡大を続けた婚活総合サービス業と婚活市場は，見合い結婚と職場恋愛による結婚が退潮していく中で，それに代わる出会いの方法として一般化していった。しかしながら，婚活総合サービス業を利用し婚活に臨んだはずの団塊ジュニア世代の未婚化・晩婚化は解消しなかった。2010年時点での男性の生涯未婚率（50歳時点未婚率）は19.4%，女性は9.8%と過去最高を記録しており，結婚にはつながっていないのである（小林，2012，157頁）。つまり婚活が配偶者探索の手段として一般化したが，婚姻数そのものは増えなかったのである。なぜ山田（2008）が提唱した「婚活」という概念は，このような結果を生み出してしまったのだろうか。このことについて，本節では，婚活市場における男女の婚活戦略という視点から考察していきたい。

①女性の婚活における戦略的目標

　関口（2010）は，女性にとって婚活の意味が，安定して高収入を稼ぐ男性を捕まえる活動として定着しつつあることを指摘する[4]。関口は女性が結婚に求める効用を，不安定かつ低賃金の雇用環境から脱却するための生存婚，高収入の年収800万円以上の男性と結婚し専業主婦になることを目指す依存婚，キャリアや趣味の充実を可能とするパートナーを求める保存婚に分類する。その上で，現代の女性は「「生活のために」「人生のために」結婚にすべてを賭け」（関口，2010，155-156頁）て婚活に臨むと指摘する[5]。すなわち，婚活女性は，結婚によって獲得する成果を戦略的目標として設定した上で，婚活総合サービス業が提供するサービスによって形成される婚活市場に参加していくことで，

4　関口（2010）は，「不況の中で経済的に生き残ることが優先される競争社会になった今，生きていくには結婚しかないという女性たちにとって，心の純真さは性的無垢さ同様に女性の価値を保障するものではなくなっている。このような風潮の中で，婚活の意味はもはや「女性が安定して，高収入を稼ぐ男性を捕まえる活動」の方に定着しつつある」（156頁）と指摘する。

男性を比較考量し，配偶者候補としての恋愛関係を通じて結婚相手として適切であるか否か，性格や相性を確認していき結婚への意思を固めていくという，婚活戦略があると考えられる[6]。

　実際，婚活女性が結婚相手に年収1,000万円以上を条件として設定していることを揶揄する言説がよく見られる。しかし，女性も男性と同等の年収を得ている現代日本で，専業主婦として生活し，子育てや老後の生活まで考えれば，出会いの時点で男性の年収に800〜1,000万円を求めるのは実は高望みではない。むしろ，将来を冷静に見通した上での結婚相手に求める最低条件と言ってもよい。

　2000〜2010年代の結婚適齢期の男性の平均年収は，およそ430万円前後であった。失われた20年の間，確かに男性の平均収入は低下を続けていた。しかしながら，実は同じ職歴・年齢の女性の平均年収は，男女雇用機会均等法の施行もあり，男性と変わらない状態にあった。だとすれば，結婚後に専業主婦として会社員時代と同程度の生活水準を求めるのであれば，最低でも結婚相手には年収800万円が必要であると考えることになる。確かに平均年収は低下しているが，成果主義の導入もあり収入格差が広がっており，人数は少ないものの年収800万円オーバーの独身男性は存在している。女性も男性と同じように働き稼げる時代なのであれば，理想的な年収を稼ぐ男性が目の前に現れるまで，

5　山田（2010）はこの関口（2010）の議論を踏まえ，婚活による結婚の不可能性に警鐘を鳴らす。確かに，婚活総合サービス企業の登場によって，女性が高収入の男性と結婚できる可能性が生じた。しかし，高収入の男性がそもそも稀少である現実を踏まえれば，このような婚活を試みる女性は，出会いの機会を増やしつつ，結婚の機会を先送りし続けることになる（山田，2010，37-38頁）。それ故に山田は，女性にとって婚活は，世帯収入を基準とした現実的結婚を目指す活動であることを改めて強調している（山田，2010，40頁）。

6　関口（2010）によれば，「「生存婚」は地方出身者の高卒に多い，自立できる職業を見つけることも難しく，男性に稼いでもらわないと生きていけない女性の結婚である。「依存婚」はサラリーマンと専業主婦の親を持つ短大卒の女性に多い，短大卒業後にとりあえず就職したものの寿退社を理想とし，母親と同じような専業主婦をし，仕事ではなく趣味を楽しみたい女性の結婚である。「保存婚」は大卒の女性に多い，男性には家庭の仕事を分担してもらい，自分の専門的な職業を続けたい女性の結婚である」（152-153頁）として定義される。

交際や結婚を先送りにするのが合理的な判断となっても，実はおかしなコトではない。それが，団塊ジュニア世代の女性の，結婚に対するリアルな判断であったと筆者は考える。

②男性の婚活戦略の曖昧さ

　それに対して，男性の婚活戦略はどのようなものなのであろうか。

　例えば，小林・能智（2016）は，婚活総合サービスの利用実績の分析を通じて，男性は職業・収入と身長の高さが，マッチングに影響したことを指摘している。具体的には，男性では登録会員の男性平均より身長が10センチ高く，正規雇用で収入が100万円多い場合に，結婚のチャンスが6.15倍高まる[7]。バブル期にモテる条件として3高（高身長・高学歴・高収入）がまことしやかに語られてきたが，現代の婚活市場においても高身長・高収入はモテる男性の条件として機能していると，最新の調査結果は明らかにしている。

　他方で，婚活男性の婚活戦略については，出会いの機会を増やしていく（eg.,山田・白河，2008）こと以上の，女性に見られるような詳細な分析が行われることは少ない。むしろ先行研究では，女性の婚活戦略を前提とした上で，モテない男性がとるべき行動（コミュニケーションの仕方や，ファッションの選び方等のマニュアル的な知識）の提案という形で，以下のような議論が進められている。

　婚活市場において女性は依存婚・生存婚・保存婚といった明確な戦略的目標を設定し，男性を比較考量して恋人を選び，恋愛という試用期間を置くことで配偶者として適切であるかを見定めようとしている。このような女性の婚活戦略の前で，男性は大きく二分されることになる。

　女性の望む戦略的目標に叶う収入を有しており，かつ女性と良好な恋人関係を構築できる容姿とコミュニケーション能力を有したモテる男性と，低収入で比較考量から振り落とされるか，収入面でクリアできても容姿やコミュニケー

7　他方で女性は登録会員の女性平均より10歳若い場合，結婚チャンスが1.8倍高まる。

ション能力で恋愛関係を構築できないモテない男性である。そうなると，実質的に男性がとりうる婚活戦略は限られてくる。高収入で女性と恋愛関係を構築できる男性は，婚活する前に結婚しているか，婚活市場においても「売れ筋」としてあっという間に相手を見つけて結婚してしまうだろう。問題は，モテない婚活男性の婚活戦略である。

　まず，高収入であるが容姿や性格に問題を抱える男性は，ファッションや髪型，体型など容姿を磨きつつ，出会いの機会を増やして女性とコミュニケーションをとることに慣れていく必要がある。特に容姿については，女性側の好みにも左右される問題であるため，多くの女性と出会うことで「好きになってもらう」確率を増やしていくしかない。そうしていく中でコミュニケーションスキルが磨かれていけば，好ましい性格という点から容姿の壁を超えて交際に結びつく可能性が生まれる。

　次に低収入の男性は，女性の設定している戦略的目標そのものを動かしていくしかない。そのために山田（2010）は，男性側が出会いの機会を増やしつつ，女性が求める理想的結婚—生存婚・依存婚・保存婚—に対して，現実的結婚へと導いていくことを提案する（23-24頁）。大前提として出会いの機会を増やすことで，現実的結婚—共働きを覚悟してほどほどの生活水準を目指す—を許容する女性と巡り会う可能性を上げていく。そして，出会った女性と恋愛関係を深めながら，理想的結婚を諦め現実的結婚を選択していくように導いていく。いわば「恋愛によって経済という壁を突破する」（山田，2016，96頁）ことしか，戦略的な選択肢がないと考えられている[8]。

　ここで本書が注目するのが，婚活市場において女性が生存婚・依存婚・保存婚という複数の戦略的目標のもとで，理想的な配偶者選びを可能にしているの

8　山田（2010）は「実は，いまの若者の結婚観の中で急速に失われているのが「恋愛至上主義」，言葉を換えて言えば「ロマンティック・ラブ・イデオロギー」なのである。若者は，理想的な結婚生活を送るために，結婚相手を選ぶ基準として，一時的な恋愛感情よりも，現実の生活条件を重視し始めている。それゆえ，多くの男女を出会わせたからといって，それがすぐに結婚に結びつくわけではないのだ」（28頁）と指摘している。

に対して，男性側には恋愛関係を突破口にして女性の選択という壁を乗り越えていくことしか手段が残されていない点である。つまり，婚活市場が成立し，配偶者探索の一般的な方法として婚活総合サービス企業の利用が普及していくメカニズムと表裏一体の形で，男性と女性の間に配偶者選択を巡る力学の不均衡を導くメカニズムが作動していると考えられるのである。

5　婚活という現象の行き詰まりを解消していくために

　本章ではここまで，婚活という概念の成り立ちと婚活総合サービス業の登場による婚活市場と婚活戦略を，婚活の提唱者である山田らの議論を中心とした研究成果をまとめていく形で紐解いてきた。小難しい議論を長々と書いてきたが，これから婚活市場に身を投じ，婚活に臨む人々にとって，婚活という現象そのものを生み出し，分析を続けてきた専門家が発表してきた過去の研究成果から以下のポイントを読み取っておく必要があるだろう。

(A)　婚活市場―婚活総合サービス業は，かつての仲人や結婚相談所とは異なり，出会いをサポートする役割を担っており，結婚できるかどうかは当事者間の合意形成＝恋愛関係が実現するか否か次第である。

(B)　婚活女性には生存婚・依存婚・保存婚といった明確な戦略的目標が存在し，婚活総合サービス業を利用することで，男性を比較考量し，恋人関係を通じて配偶者として適切か否かを判断する婚活戦略を展開している。

(C)　非モテ男性が結婚するためには，出会いの機会を増やしていくとともに，自分の容姿やコミュニケーション能力を磨いていくことで，「恋愛によって」経済と恋愛の壁を乗り越えていく必要がある。

　婚活に成功するためのノウハウ本では，(A)を前提として，婚活女性に対しては(B)に特に注意し，配偶者に求める収入条件を結婚後に自分が求める生活から再考しつつ，少しでも好意を抱いたならいつまでも比較考量せず結婚へと向かうことを注意喚起する（eg., 三島，2019）。それに対して婚活男性に対しては(C)の点から「自分の趣味趣向」ではなく，「女性からどう見られるか・女性がどう感じるか」を意識したファッションやコミュニケーションの向上を求めるケースが多い（eg., 石神，2011）。

　先行研究においても，恋愛結婚が主流化し，既に多様な出会いのサービスが提供されている現代において，男性が婚活に成功するための方法を考えた場合，いかに女性を「惚れさせる」能力を有しているのかが，成婚を左右する要因として指摘されている[9]（eg., 小林・大崎，2019）。それに対して小林（2019）は，平成期では女性はやや肉食化，男性はやや草食化が進んでいると指摘する（27-29頁）。極端に言えば，理想的な結婚相手を求めて貪欲に街コン，婚活パーティーに参加する婚活女性に対して，男性は「モテるために己を磨け！・女性と恋愛しろ」，それが「地に足をつけた婚活」であると周囲から発破をかけられているのが，婚活市場の現状であるといえる。

　とはいえ，婚活が定着した2000年以後も一貫して婚姻数は減少しており，2019年度は婚姻数も婚姻率も過去最低を記録している。婚活市場において女性が肉食化し，男性が自分磨きを続け，彼らを婚活総合サービス企業がサポートするという状況が生まれてなお，なぜ，婚姻数や婚姻率は回復しなかったのだろうか。

　この問題について本書では，なぜ女性は(B)のような婚活戦略を展開するのか，なぜ男性の婚活戦略には戦略的目標も設定されず，(C)のような努力が求められるのかについての答えを，女性の選り好みや男性のモテる／モテないという個人の資質に求める我々の思考そのものに限界があると考えている。

9　小林・大崎（2019）は，平成期において恋愛経験の有無が結婚へのファストパス（優先入場券）であり，恋人1人以上，キス1人以上の経験が，後の結婚に有意な影響を与えたことを指摘する（97頁）。

　改めて，戦前から高度経済成長期までの日本人が，結婚適齢期を迎えた後に
ほぼ結婚できていたことの背景に，仲人・結婚相談所という制度が存在したこ
とに注目してほしい。仲人・結婚相談所という制度によって，人々は「そろそ
ろ結婚しなきゃ」という動機を持ち，「いい人がいるから結婚しなさい」とい
うお節介を焼く社会的な役割が制度化されていた。だとしたら，婚活総合サー
ビス業・婚活市場は，一方で「理想の結婚相手を求める婚活戦略」を駆使する
人々を生み出しつつ，他方で「理想の相手と出会うまでいつまでも比較考量を
続ける」「いい人がいないのなら，結婚しなくてもよい」という意思決定を延
ばす人々を制度化しているのではないだろうか。つまり，婚活総合サービス
業・婚活市場の持つ力学が，婚活する人々を形成し，多様な婚活戦略を駆使し
て結婚を目指すことを可能にしているという働きに注目することで，我が国に
おける婚活という現象の行き詰まりを解決していく途が切り開かれる可能性が
あるのではないだろうか。

6　婚活市場に飛び込もう
——方法としてのオートエスノグラフィー

　それでは，私たちはいかに婚活市場の力学に巻き込まれ，婚活戦略を見出し，
駆使していくのだろうか。本書はこの問題に取り組むために，オートエスノグ
ラフィー（auto ethnography）という方法を用いていきたい。

①書き手の経験を対象化するオートエスノグラフィー
　オートエスノグラフィーは，婚活に関心を持つ一般的な読者のみならず，研
究者にとっても耳なじみのない方法であるだろう。この方法は，簡単に言えば，
研究者がその現象を当事者として体験し，その経験からアカデミックなテクス
ト（論文や研究書）を生産していく方法である（Ellis and Bochner, 2000, 邦
訳，137頁）。
　オートエスノグラフィーは，主としてフェミニズムの研究領域において用い

られてきた，最もラディカルな調査方法論とされている。例えば，ボーボワール（1949）は著書『第二の性』において，「人は女に生まれるのではない，女になるのだ」というテーゼのもとで，アンケート調査や観察調査，言説分析を利用していくことで女性という性を規定する権力の働きを見出そうとした。これらを伝統的な研究方法であるとすれば，オートエスノグラフィーは研究者自身の性差別の経験から性を規定する権力の働きを記述する急進的な方法である。特に，自身の性を規定する権力の働きが大きく揺らぐ，トランスジェンダーや性転換手術の経験をもとにした論文が発表されている（eg., O'shea, 2019）。フェミニズム研究におけるオートエスノグラフィーは，社会生活における性差に関する問題について当事者にしか知り得ない知識を提供するとともに，その当事者性から既存の議論を批判的に発展していく貢献を提供してきた（Ellis and Bochner, 2000, 邦訳, 138-139頁）。

　もちろん，オートエスノグラフィーに基づく研究は，伝統的な社会科学の立場からすると客観性や一般化可能性の点で疑問が提示されている方法論でもある。筆者の経験に基づく主観的な記述に基づいた記述は，アンケートに代表される統計調査のみならず，一般的なインタビュー調査や観察調査と比較しても，調査手続きや発見事実の客観性に問題があると指摘されてきた（eg., Boyle and Parry, 2007）。

　確かに，私の婚活という経験は，１回限りの特殊な経験でしかないかもしれない。しかし，すべての人々に男らしさ／女らしさという性を規定する権力が働きつつも，各々が男らしさ／女らしさを問い直し，職場で，家庭で，あらゆる人間関係においてその人なりの男らしさ／女らしさを，状況に応じて戦略的に演じている。オートエスノグラフィーという方法は，その戦略を自分自身の経験を告白していく文体から明らかにしていく。だとすれば，婚活総合サービス業・婚活市場に我が身を投じていくことによって，私自身が身も心も婚活市場の力学に晒され，配偶者探索の過程で婚活戦略を駆使する／される経験を開陳していくことで，これまでの研究では見落とされてきた重要な知見を見出していくことが期待できるだろう。

　またオートエスノグラフィーは，経験からの告白という記述によって，研究の持つ社会的な影響力を強調する方法である（Adams, 2006；Wyatt, 2008；Ellis, 2002a, 2002b；Goodall, 2006）。オートエスノグラフィーは，書き手の特異な経験を告白し，喜びや悲しみ，怒りなどあらゆる感情を読み手に追体験させる意図したレトリックを駆使したテクストを通じて，読み手の内省を引き出し，行動を変えていくことに力点を置く（eg., Ellis, Adams and Bochner, 2011）。つまり，オートエスノグラフィーは，客観性を担保し一般化可能性を導く調査方法や分析手続き，記述の様式にこだわるのではなく，読み手側が自身の認識前提の問い直し，自身の抱える（研究）課題に気づき，その超克を目指す（研究と現場の）実践をしていくように誘導するテクストの記述を追求していくものである。

②読み手が婚活を追体験していくテクストを目指して

　オートエスノグラフィーを用いる本書もまた，私自身の体験を追体験できるテクストの読了を通じて，研究者・婚活の当事者が自身を問い直し，行動を変えていくことを目指して記述されている。

　婚活を経験した，あるいはこれから婚活に臨む一般の読者の方からすると，本書は「婚活を題材としたノンフィクションだ」と思うかもしれない。実際，私の経験から婚活市場における婚活戦略に迫ろうとする第3章，第4章の記述では，筆者が慣れ親しんできた研究論文としての執筆作法を度外視しつつ，私が2年半ほどの時間をかけて婚活した経験を，その時の私自身が抱いた感情まで読者に追体験してもらうことを目指している。一般の読者の方も，研究者の方も，もはや手遅れの40代半ばの難儀な男の悪戦苦闘を笑ったり，共感したり，時には不快に思う箇所も多々あるだろう。この本は，読者の方がそのような感情を感じてしまうところまで計算に入れて執筆している。しかし，本書は研究書であり，娯楽作品でもなければ，明日の婚活パーティーに直ぐに役立つノウハウ本でもない。私の経験を読むことで抱くあらゆる感情を手がかりに，婚活や結婚そのものへの自分の思い込みを反省し，婚活戦略を見直していく契機に

なりうる[10]ことを意図している。

　そのために，私が悪戦苦闘した婚活の経験を，できるだけ興味深く読んでもらいつつ，皆さんが婚活市場の力学と婚活戦略の発生を理解し，自身の婚活戦略へと反映させる仕掛けを含めた記述をしていきたい。

10　恋愛と結婚という現象に対して，オートエスノグラフィーの手法から迫る先駆的研究として，鈴木（2015）『恋する文化人類学者』が挙げられる。同書では，筆者がコートジボワールのアイドル歌手と恋に落ち，現地での8日間に渡る結婚式の体験を通じて，恋愛と結婚をめぐる文化の相対化を目指している。

第 3 章

婚活パーティー

婚活市場で無力化していく私

　「先生，うちを使ってくださいよ」

　2018年2月，遅まきながら結婚を目指して婚活をしてみようとしたときに思い出したのが，OBで大手婚活総合サービス企業に就職していたH君が，2年ほど前に遊びに来たときの言葉だった。

　「相手にも選ぶ権利があるからねー」

　「相手にも選ぶ権利がある」
　35歳を過ぎた頃から，「なぜ結婚しないのか」と聞かれたときに，私は決まってこう答えるようになっていた。だいたい相手は返答に困って愛想笑いしながら言葉を濁す。私に「結婚しない理由」を質問したら，すかさず「私が結婚できない理由」を解答されたのだから仕方ないだろう。こっちは生まれてからこれまで，「キモい」とか「変人」とか言われ続けているのだ。異性にモテた経験なんか，ほとんどないと胸を張って言える。だいたいの人が，こちらが自虐的に笑いを取りにいく返しをしたのに，爆笑することも，フォローすることもなく，言葉を濁しているだけというのは，とても失礼な気もするのだが。
　言い訳めいてしまうが，一応，筆者はこれまでの人生において，異性との交際が皆無だったわけではない。しかし，進学や就職，就職した後の勤務地の変更などで，彼女と物理的な距離が離れて半年も経てば疎遠となり，暫くしたら彼女に他の彼氏ができて，忘れた頃に風の噂で結婚したことを知る。大学進学で実家を出てから，就職で福岡，神戸，沖縄，京都，そして東京と4〜5年おきに居所を転々としたことも原因の一つだろうが，交際が長続きしたことはない。20代も前半の頃は悲しみも悩みもしたが，30歳を過ぎた頃には「まぁ，そんなもんでしょ」と何も感じなくなっていた。
　いい男はいっぱいいるのだから，わざわざキモい変人の私を選ぶ必要なんかない。こっちは研究と教育で忙しく充実もしているし，休日にはバイクに乗り，海や山に釣りに行き，ジムで筋トレしてと，1人で楽しく生きているので放っ

ておいてくれ。「相手にも選ぶ権利あるがあるからね」という言葉は，そういう本音を伝えるものだった。

　ただ，この日のH君は他の人と違って，愛想笑いや言葉を濁すこともなかった。

　　「先生，冗談みたいなスペックじゃないですか。公立大学准教授で高収入。お母さんは妹さんの家族と一緒に住んでいるから，両親と同居する必要なし。離婚経験もないし，隠し子がいるわけでもないですよね。超優良物件ですよ」

　　「いやいや，その条件で売れ残っちゃっているんだから，ヤバい事故物件でしょ」

　　「論文ばかり書いていて，出会いがなかっただけですよ。うちの婚活パーティーを使ったら，あっという間に相手，見つかりますよ」

　他愛のない会話ではあったが，H君の言葉が妙に心に響いたのを覚えていた。

　付き合いが長ければ私の性格や人柄は，良いところも悪いところも見えてくる。だから，「相手にも選ぶ権利がある」と私が言えば，友人だって職場の仲間だって，それこそ親であっても「まあ，それも仕方ないだろう」と引き下がってくれる。H君とはゼミで2年間，指導教員とゼミ生としてじっくり付き合ってきた。私の良いところも悪いところも，それなりに理解しているはずだ。その上で，私の職業や年収，家族構成の条件を考えれば，結婚できると言うのだ。

　　「うちのサービス使うなら，連絡下さいね。とりあえず婚活パーティーに出てみるのでもよいと思いますけど，本気だったらマッチングサービスのほうが断然いいですよ」

　H君は入社2年目とはいえ，大手婚活総合サービス企業の社員であり，婚活パーティーの会場責任者も務めている。なるほど，業界人的にはこういう見方

をするのだな，と感心した。

　婚活パーティーは全く見知らぬ男女同士が出会う場なのだから，年収・職業，家族構成や年齢といった目に見える指標で，まず篩にかけられる。異性との交際に関する自己評価はマイナス方向に振り切れていた私であるが，H君の言葉を思い出しながら，少しだけ自己評価を上方修正しながら，パソコンで婚活パーティーの情報を検索し始めていた。

1　婚活パーティーを検索してみる

　Googleで「婚活パーティー　都内」と検索すれば，婚活パーティーのポータルサイトは直ぐに見つかった。大手の婚活総合サービス企業が開催主体となっている婚活目的のものから，街コンや異業種交流パーティーなども開催しているイベント企画会社主催の婚活パーティーまで，都内では連日100件以上の婚活パーティーが開催されていた。

　注意深く開催情報を見ていくと，婚活パーティーには大きく2つの種類が存在していることに，私は気づいた。

　1つ目は，会員制の婚活パーティーだ。おおむね婚活総合サービス企業によって提供されるサービスであり，このパーティーに参加するためには当該企業の会員として登録する必要がある。会員登録に際しては，戸籍謄本もしくは独身証明書，学歴を証明する卒業証明書，収入証明書の提出が必要であり，入会金（20万円前後）と月会費（2万円前後）を支払う必要があった。

　なるほど，H君が言うところの本気度とはこういうことなのだと思った。会員制パーティーの参加者は，婚活総合サービス企業が提供する会員の個人情報を閲覧可能であり，結婚することを目的として入会金と月会費を支払っている。参加者は真剣に結婚相手を探して，婚活パーティーに参加しているはずだ。

　2つ目は，会員登録を必要としないオープン型の婚活パーティーだ。オープン型の婚活パーティーは，上述の婚活総合サービス企業のみならず，イベント企画会社や結婚情報誌の発行元など多様な主体によって開催されており，入会

金や月会費は設定されておらず参加費も安価（男性は5,000円前後，女性は無料〜2,000円程度）となる。

　オープン型の婚活パーティーでは，男性側には職種や年収などの条件が細かく設定されるのに対して，女性側の参加資格が年齢条件のみと緩く，企画自体も高収入や安定職種，趣味の一致など女性が理想の結婚相手と出会えるパーティーであることを訴求する企画であることが多かった。これもなかなか興味深いことだった。オープン型婚活パーティーの主催企業は経験的に，男性が結婚相手の容姿と年齢しか見ていないのに対して，女性があらゆる条件を加味して結婚相手を探していることを把握しているのだろう。また，女性の参加費が安いだけでなく，女性が興味を抱くような企画が多いのも，婚活パーティーを，まず，参加女性集めを第一に考えているからであるだろう。

　本気で婚活をするなら，H君が言うように大手の婚活総合サービス企業に会員登録したほうがよいのだが，まずは婚活そのものを経験してみようと考え，オープン型婚活パーティーに参加していくことにした[1]。

2　44歳の壁に阻まれる

　私が婚活に取り組み始めた2018年4月当時，オープン型の婚活パーティーは，都内に限っても1日あたり100件近く開催されていた。このオープン型の婚活パーティーでは，年齢，職業，年収，趣味，容姿を基準として参加条件が決められ，パーティーの企画が立てられていた。

　まず年齢は，同年代（5歳差以内）か年の差（5歳差以上）で区分されるのが一般的だった。ただし，年の差は年上男性を意味し，年上女性を対象としたパーティーが企画されることはごく稀だった。40代後半になると，再婚者を対象とした婚活パーティーも開催されるようになる。

1　2018年6月から12月にかけての半年間，合計12回にわたってオープン型婚活パーティーに参加した。

次に年収では，おおむね600万円以上の20代，800万円以上の30代・40代，1,000万円超が高収入の男性としてカテゴリ分けされていた。年代別の平均収入より200から300万円高い年収が，婚活パーティーでは高収入という扱いのようだ。ただし，年収が参加条件に求められるのは男性であり，女性の年収が参加条件に設定されることはほぼない。

職業は弁護士・医師・企業経営者・外資系企業がハイスペック職種，公務員・教員・有名企業（おおむね一部上場企業を基準とする）勤務が安定職種とカテゴライズされる場合が多い。また消防士・自衛隊の男性，看護師・保育士・幼稚園教諭の女性は，職種を絞ったパーティーが企画される。年収と同じく，参加条件に職種を問われるのは男性が中心だった。

趣味は，アウトドア，スポーツを趣味とする男女の出会いを目的としたパーティーが開催される場合が多かった。ただし，アウトドアやスポーツの詳細な中身，例えば登山好き，野球好きといった具体的な趣味の内容を絞って開催されることはほとんどない。野球場での試合観戦や軽登山をイベントとして行うパーティーもあるが，年に数回ある程度だった。

容姿は，男性の場合，高身長（180cm以上）が問われる場合がほとんどで，それ以外は「モテそうと言われる・告白されたことがある（＝一定の容姿がある）」という自己申告となっている。女性についても，モデル経験者という経歴を基準にする場合の他は，「清楚系・グラマー・セクシー・年齢より若く見られる」等，やはり自己申告の形である。男性に容姿が求められる企画は少なく，容姿が参加条件として求められるのは女性が中心であり，そのほとんどが高収入男性との出会いを企画したパーティーであった。

これらの参加条件に基づいて私自身を見直すと，大学教員（准教授）で高収入・安定職種のカテゴリに入る。男性の年収・職種は，女性の若さや容姿とトレードオフの関係とみなされているようで，5歳以上の年の差や容姿に優れている（と自認している）女性と出会う婚活パーティーに参加が可能になっていた[2]。また，私は釣りとバイク（大型二輪），筋トレとサッカー観戦を趣味としていたため，趣味の一致を対象とした婚活パーティーのうち一番開催頻度が多

い，アウトドア・スポーツ好きの男女を対象としたパーティーに参加することが可能だろう。容姿については，178cmであり高身長とは言えない，体重90kg前後のプロレスラー体型だ。これまでモテた経験どころか，告白された経験すらない。完全に非モテの部類に入るだろう。

　　「H君が言っていたように，職種と収入では本当に人気カテゴリに入るんだ。筋
　　トレ，釣り，バイクを趣味にしている女性はほとんどいないと思うけど，互い
　　の趣味を尊重できる相手がいいかな……あと，子供も欲しいから，年下のほう
　　が望ましいかな……贅沢は言えないけど」

　収入と職種面で多少は婚活市場で有利であるとわかり，私は都合の良いことを考え始めていた。しかし，スケジュール帳と照らし合わしながら，画面上に並ぶ婚活パーティーの開催予定リストから実際に参加するパーティーを選び始めた時に，大問題にぶつかった。

　　「ありゃ，参加できるパーティー，ほとんどないじゃん」

　当時の私の年齢は43歳。2ヶ月後には44歳になる。その年齢で参加できる婚活パーティーがほとんどなかったのである。婚活パーティーは20代の男女，男性30代・女性20代で5歳差以内，女性30代・男性が43歳までが主流の企画となっており，私が参加可能な婚活パーティーは極端に少なかった。面白いことに，40代前半の男性が，同世代の女性と出会う婚活パーティーも極端に少なかった。40代の女性を対象としたパーティーは，男性の参加条件が40代後半から50代前半に設定され，それも再婚者を対象としている場合がほとんどで，44

2　これら5つの指標の組み合わせることで可能になる企画は無数に存在するが，開催される婚活
　　パーティーの企画には，一定の傾向が存在していた．具体的には同年代で趣味や容姿を参加条件に
　　する企画，同年代で安定職種を男性に求める企画，年の差で男性の年収と女性の容姿を求める企画，
　　消防士や看護師といった特定の職種を対象とした企画である。

歳を境として婚活市場の区分がされているように感じた。婚活市場において44歳という私の年齢は，30代女性には年を取り過ぎており，40代女性にとっては別カテゴリと判断される狭間の年齢だったのだ[3]。ひとまず私は，年齢条件とにらめっこしつつ，参加可能な婚活パーティーに参加していくしかなかった。

3　希望への大行列
──若いイケメンには勝てない現実

　44歳男性の筆者が参加可能なオープン型の婚活パーティーにおいて，最も開催頻度が高かったのが，「高収入・安定職種の男性と出会える年の差婚希望」の女性対象のパーティーであった。大学教員であり高収入にカテゴライズされることが，婚活市場における私の優位性であるのだろう。当面は高収入・安定職種の男性を対象とした婚活パーティーに参加していくことにした。

　この企画では，おおむね男性は800万円以上の収入かつ大企業勤務や公務員などの安定職種であることが条件とされ，女性の参加条件は20代・30代という10歳の年齢差のみを条件とする企画が大多数を占めていた。婚活総合サービス企業は100万円＝1歳差という目安を設定しているらしく[4]，婚活パーティーにおいて男性の年収・職業と女性の若さは，交換可能な価値とみなされている。

　実際の婚活パーティーでは，会場での受付後に自己紹介カードを記載することからスタートする（図表3-1）。自己紹介カードは開催主体ごとに微妙な差はあるものの，年齢・職業・年収・趣味の4点を中心に記載する形式となっている。名前はイニシャルでの記名が求められる場合が多い。個人情報保護の意味合いがあるのだろう。とにかく，参加者はこの自己紹介カードを手がかりにコミュニケーションを図っていくことになる。

3　44歳の壁は2018年調査時点の傾向である。2019年に入り年齢の区分が変更され，この壁は低くなった。
4　婚活総合サービス企業の担当者からの発言に基づく。

図表3-1　自己紹介カード[5]

自己紹介カード		
氏名	年齢	現住所
出身地	職業	最終学歴
年収 □300万円未満　□300以上〜500万円未満　□500以上〜600万円未満 □600以上〜800万円未満　□800以上〜1000万円未満　□1000万円以上		
趣味	休日の過ごし方	
結婚歴 □あり　□なし	結婚歴「あり」の場合 □子供がいる　□子供はいない	
自己PR		

　パーティーの開催方法は，大きく2つに分かれる。座席や個室ブースが用意され，男性が移動する形ですべての女性参加者と5〜10分程度のコミュニケーションを2回行った後にマッチングの投票を行うお見合い方式と，開始直後に行われる全員参加の自己紹介タイムの後は，意中の相手と自由に会話できるフリートーク方式である。

　開催頻度はお見合い方式がほとんどを占め，フリートーク方式は特別企画という形で行われる場合が多い。私が初めて参加した婚活パーティーはお見合い方式であった。

　お見合い方式では，自己紹介カードに記載されている職業や出身地，趣味などの情報を手がかりにコミュニケーションを図っていくことになる。互いの自己紹介で終わる一巡目のコミュニケーションが終了した後，主催者側が各参加

5　参加した婚活パーティーで使用される自己紹介カードの一般的な記載内容をもとに，筆者が作成した。

者から好印象を得た相手の情報（いいね！・もっと話したい！）が収集される。この情報は各参加者にフィードバックされ，どの相手から好感を得られたのかという情報を得ることができる。

　私は一巡目のコミュニケーションを終えた後，毎回2〜3人から好感を得ているというフィードバックを得ていた（参加者はおおむね男女10名ずつ）。二巡目のコミュニケーション終了後にマッチングした場合のみ連絡先の交換が可能になるため，筆者に限らず参加者は，このフィードバックされた情報をもとに，好感を得た相手に力を入れたコミュニケーションを行うことになる。

　このお見合い方式で最終的にマッチングする人数は，1回あたりおおむね1〜2組であることが多かった。しかし私の場合，二巡目の会話をどんなに盛り上げても，マッチングすることはなかった。婚活パーティー終了時に主催者側よりマッチング数が発表されるものの，連絡先交換は全員が会場から退出した後，当事者のみで別室で行われるため，誰がマッチングしたのかわかりにくい仕組みになっている。そのため，私はなぜマッチングできなかったのか，その理由がわからないという問題に直面することになった。

　その中で，主催企業からのダイレクトメールを見て参加を決めたのが，年収1,000万円超のハイスペック男性限定の婚活パーティーであった。このパーティーは，男性の参加年齢条件が45歳まで引き上げられるのに対して，女性の参加条件が20代，30代の場合は容姿も優れている（モデル経験ありなど）ことが求められていた。更に，会場は高級ホテルの催事場を借り切る形になっており，男女それぞれ20名が参加するフリートーク方式で，自由に連絡先交換が可能な特別企画であった。この形式であれば参加者がどういう基準で相手を選ぶのかを判断できるため，参加を申し込んだ。

　この日の婚活パーティーは，パーティー開始時に5分の時間制限で1対1の自己紹介を行う自己紹介タイムの後，立食パーティー形式のフリートークタイムが設定されていた。連絡先交換が自由であったため，フリートークタイムが始まると同時に各々が自己紹介タイムで好感を抱いた相手にコミュニケーションを図るために移動することになる。

　この婚活パーティーの趨勢が確定したのが，フリートークタイムが始まって20分ほどが過ぎ，男性が第一希望の女性との会話を終えた頃であった。この婚活パーティーは収入条件が厳しいためか，参加男性の多くは40代であり，外資系企業，弁護士，医師，企業経営者などの職業に従事していた。その中で，一際若くファッションセンスが良く，いかにもパーティー慣れしている30歳前半の広告代理店勤務の男性の前に，連絡先交換を求める女性の行列が形成された。

　こうなると私も含めて男性たちは，会場に用意されている料理をつまみつつ待つしかない。とはいえ，連絡先交換が終わったからといって，女性が直ぐにこちらに戻ってくるわけではなかった。イケメン広告代理店社員を取り囲み，次々に話しかけながら自分をアピールしていく。私は，その状況を遠巻きに眺めていることしかできなかった。

　2時間を予定したパーティーもその半ばまで時間が過ぎた頃，1人，2人とイケメン広告代理店社員を取り囲む輪から女性が離れていった。アピール競争から撤退を決めたのかはわからないが，ようやく我々の婚活パーティーが始まった。1人，また1人と男性が，料理を選び始めた女性に話しかけに近づいていく。

　しかし，目当ての広告代理店勤務の男性との連絡先交換を済ませた女性の多くは，他の男性とは自己紹介カードに基づいて無難な会話を交わしつつ，適当なタイミングでドリンクや料理を取りに行ったり，トイレに行くなどの行動で会話を打ち切り，連絡先交換どころか会話そのものを避ける傾向にあった。

　　「すごいですね，あのイケメン君，まだ囲まれてるよ」

　私は会場の椅子に腰掛け，白ワインを飲んでいる女性に声をかけた。

　料理が並ぶテーブルの向こうには，4人ほどの女性が広告代理店のイケメン男性を囲み話しかけている。30代前半の女性は，その集団を遠巻きに眺めていた。

「すごいですよねー」

「さっきまで，君もあの輪の中のいたよね。連絡先ゲット出来た？」

　この女性には男性参加者が何人も話しかけていたが，だいたい数分であしらわれていた。椅子に座っているのも，男性が話しかけてくるのを待っているというよりは，このパーティーにこれ以上参加するつもりはない，という意思表示に見えた。だったら，私がこのパーティーで感じた素朴な疑問を聞くために，単なる世間話をしてみようと思い，声をかけてみたのだ。

「なんとかね。自己紹介するだけで，すごく時間かかったよ」

　女性は苦笑しながら，白ワインをあおった。

「さっき君に話しかけた人，確かお医者さんでしょ。連絡先交換しなかったの？」

「うーん，もういいかなって」

「え，勿体なくない？」

　広告代理店の男性は，確かに今回のパーティーで一番年齢も若く，最も容姿が優れていた。しかし，他の参加者が極端に劣るわけではない。収入面では遙かに彼を凌駕する参加者が何人もいるはずだ。先ほど彼女に話しかけた医者の男性は，その1人だろう。広告代理店の男性との連絡先交換の後，他の男性とはほとんど会話せずあしらってきた彼女の見解は，実に明瞭なものだった。

「一番若くてイケメンのところに行くよね。狙っているイケメン以外，話はするけど，申し訳ないけど眼中にない。今日マッチングしなくても，こういうパーティーは次があるし」

　私は，なるほど，と思った。女性にとって年収や職業で男性の参加条件が揃えられている婚活パーティーでは，その条件外の優位性＝若い年齢と容姿を軸に男性を評価しているのだ。その上で，基本的に女性は競合相手が多く，交際につながる可能性が低いのを承知の上で，まず，参加者のうちで一番条件の良い＝イケメンの男性の前に行列を作る。

　　「男もさぁ，若くて綺麗な女の子に話しかけるでしょ。あれと一緒！」

　　「んー，ここまで露骨じゃないと思うけど」

　今日の婚活パーティーの趨勢を理解したのか，会場の一角では男性同士で談笑している。その対角線上には，数名の女性が集まって女子会のような状態で食事を楽しんでいた。諦めきれず，女性がフリーになる瞬間を狙って話しかけようとする男性が数人，男子会と女子会の間の空間をうろうろしている。

　　「ワンチャン狙いで，目当ての子以外に声かけている男の下心って，見えているからね」

　確かに，私もこれまで経験した婚活パーティーにおいて，この女性が言う下心で女性の選り好みをしていたことは否定できなかった。お見合い方式パーティーで一巡目のコミュニケーションが終わった後，良いフィードバックを得た相手に対して，すべてマッチングの申し込みをしていれば，この日までに配偶者となりうる人に会えた可能性があったかもしれない。しかし実際には，筆者自身もプロフィールカードに記載されている年齢や学歴や職業，更には相手の容姿などを比較考量した上で，マッチングを先送りしていたのである。

　　「ワンチャン狙いは，お互い様ってことね」

　　「そういうこと！」

女性はカラカラと笑いながらワインを飲み干し，席を立ち女子会の輪に入っていった。

4　完璧なマッチングじゃないとね！

高収入者対象の婚活パーティーの経験を経て，収入と職業を軸に企画された婚活パーティーでは，私にはそれ以外の優位性がなく勝負にならないことがはっきりと理解できた。安定職種として評価される大学教員という職業であっても，ハイスペック男性という形で揃えられてしまうと，相当に優れた容姿がないと埋没してしまう。容姿は好みの差はあるだろうが，私がこの競争で勝てる要素はほとんどない。

だったら，筆者の職業と年収が優位性として働き，更に「次のパーティーでは出会えない」と相手に感じさせる必要があるだろう。そこで私が次に参加したのが，同じ趣味を持つ男女の出会いを企画した婚活パーティーだった。具体的には，筆者が趣味とするアウトドアとスポーツ好き女性との出会いを強調する婚活パーティーだ。筆者が趣味とする釣りや筋トレは女性の愛好者そのものが少ない。逆に言えば，稀少な趣味が一致する相手と出会えば，先送りすることが難しい貴重な出会いとして互いに認識しやすいのではないだろうか。

更に，ライフスタイルに基づいた婚活パーティーでは，年齢条件が設定される場合が多いものの，学歴や職業，年収条件は設定されないことが多い。それならば，私の職業や年収が優位に働くかもしれないと計算が働いたのだ。開催数は少ないものの，44歳の年齢でも参加可能なアウトドア・スポーツ好きを対象とする企画が開催されており，筆者は合計4回にわたり参加していくことになった。

しかし，参加を重ねるうちに，私の計算が全くの見当違いであることに気づかされることになった。趣味企画の婚活パーティーに参加する男女は，何より，その趣味を大事にしている。だからこそ，参加者は完璧なマッチングを追求するのだ。

　例えば，筆者は山間部でのフライフィッシングを趣味としており，自己紹介カードにそのことを毎回記載していた。しかし，アウトドアといってもその内容は多岐にわたる。第三者的には，登山好きやサーフィン好きの女性と私は，アウトドアが好きという点でマッチングしやすいように見える。しかし，登山やサーフィンと釣りは，同じアウトドアといってもカテゴリが全く異なるのだ。物心ついたときから釣りを楽しみ，釣り歴40年を超えるのだが，釣りと登山，サーフィンを一緒に趣味として楽しんでいる人と出会ったことはない。

　交際や結婚をしても一緒に同じ趣味を楽しめないのであれば，そもそも異なる趣味の相手とマッチングする理由が存在しない。実際，登山やサーフィンを趣味としている女性との会話は，「どの山に登っているのか」「どこでサーフィンをやっているのか」といった当たり障りのない会話にしかならない。女性側も同じだ。心象を崩さない程度の，当たり障りのない会話しかしないし，趣味が一致しない相手に「いいね！」を送ることはほぼない。

　更に，自己紹介カードに書かれている趣味が一致したからといって，マッチングがうまくいくとは限らなかった。実際，私は一度だけ，釣りを趣味とする女性と会話する機会に恵まれた。

「どういう釣りをしているんですか？」

「だいたいブラックバスですね」

「琵琶湖で一度だけやったことありますよ。ルアーでの釣りは初めてだったのですが，こんなのが釣れましたよ」（スマートフォンに保存していた写真を見せる）

「すごーい，琵琶湖ってこんなの釣れるんですね」

「東京だと，どの辺りで釣っているんですか？」

「近場だと相模湖とかですね。フライフィッシングをされるのですね。あれ，難しくないですか？」

「キャスティングが独特なので慣れるまで釣りにならないですけど，狙ったところに投げられるようになったら，ルアーより簡単だと思いますよ」

　この会話は一見話がかみ合っているように見えて，実際には山ガールやサーファー女子との会話と同じく，当たり障りのない会話だった。同じ釣りであっても，対象魚や釣り方が違えば，当事者間では全く別の趣味になる。キャッチ・アンド・リリースが前提のルアーフィッシングやフライフィッシングを専門とする人と，キャッチ・アンド・イートが前提のエサ釣りを専門とする人の間には，資源管理への考え方で超えがたい溝がある場合が多い。同じキャッチ・アンド・リリースが前提のフライフィッシングとルアーフィッシングも両方を嗜む人はめったにおらず，互いに違う人種として尊重はしても，積極的に交流することは少ない。実際，一巡目のコミュニケーションを終えた後，主催者側からフィードバックされた情報にこの女性から「いいね！」は得られていなかったし，私も彼女に「いいね！」を押すことはなかった。部分的には趣味が一致しているのであるから，互いに関心を有している（釣り場や釣り方を聞く）ことを会話でアピールしつつも，微妙な違いが気になるが故に，マッチングはしなくてよいという判断が働くのである。

　この判断が極端になると，趣味が一致しないのなら，最初から会話を拒否するという対応をとられることにもなる。

　スポーツ好きを対象とした婚活パーティーに筆者が参加した際，筆者は自己紹介カードに筋トレとサッカー観戦が趣味であることを記載して臨んでいた。そこで出会ったテニス好きの同年代の女性は，自己紹介カードを見るなりまくし立ててきた。

「また筋トレ？　男ってなんで，そんなに筋トレ好きかな。ムキムキになって気持ち悪くなる上，動きが悪くなるじゃん。そこまでして筋肉をつけたい？　意味わかんないわ」

真剣に筋トレをしている筆者の立場からすると，「動きが悪くなる」というのが迷信であると反論もしたくなる。しかし，そのように考える人間とは絶対にわかり合えないのだから，会話に労力を割く気力すら失ってしまった。結果，彼女とは二巡目では互いに無言で過ごすことになった。

5　マッチングはしたけども……

趣味を軸に開催される婚活パーティーの参加者は，完璧な趣味の一致を目指してしまう。だから，僅かな可能性がある場合は儀礼的な会話で心証を維持し，条件に合わないと判断したら会話そのものを拒絶し次の機会を待つのが合理的な判断なのだろう。婚活パーティーは無数に開催されていて，必ず次の機会があるのだ。お互い理解し合うとか，知らない世界を教えてもらうとか，そういう綺麗事はまず通用しない。私も，女性も，自分のことが一番大事なのだから。

私が同じ趣味の結婚相手を探したいなら，釣り場やジム，バイクショップに足繁く通うほうが効率的だろう。ただし，釣り，筋トレ，バイクを趣味とする婚活女性は，まずいない。その現実を受け入れ，若いイケメンには勝てないことを承知の上で，再び高収入男性を対象とした婚活パーティーに回帰していくことになった。

その時，最終手段の戦略として実行したのが，一巡目のコミュニケーションを終えた後にすべての女性に「いいね！」をマークした上で，二巡目の申込みに際して「いいね！」が一致した女性に機械的にマッチングの申し込みをしてしまうことだった。こうしてしまえば，私の好みや相手に求める条件，趣味の一致・不一致に関係なく，女性側が「いいかも」と少しでも思ってくれた人と，マッチングしていくことが可能になるはずだ。

目論見通り，この機械的なマッチング戦略は，2回目で早くも当たった。

マッチングが成立した男女は，別室で対面して連絡先を交換したり，その後にカフェやレストランで食事を取りつつ交流を深めていくことを勧められる。この時に私とマッチングに成功したのは，6歳年下の幼稚園教諭の女性だった。

「お腹すいた。ご飯食べよう」

　挨拶を済ませて連絡先交換をした後，彼女はいきなりそう言った。休日午前中開催のパーティーであったため，ちょうどランチタイムだ。こちらから，ランチに誘う手間が省けたと思ったら，彼女はスタスタと歩き始めた。

「ちょうどランチタイムだし，良さそうなお店探しましょうか？」

　そう尋ねる私に振り返ることなく，彼女は答えた。

「……こっち」

　10分ほど歩いて連れて行かれたのは，イタリアンレストランだった。私もイタリアンのランチを食べることはあるが，店のレベルが全く違っていた。ランチメニューの価格が最低で8,000円から，最高は20,000円のフルコースだった。彼女は何の躊躇もなく，最高額のフルコースを注文した。仕方なく，私も同じものを注文した。

「今日はマッチングしていただき，ありがとうございます。改めまして，高橋勅徳です。一応，大学で教員をやっています」

「そうですか」

「申し訳ないのですが，初めてのマッチングでイニシャルしか覚えていないので，お名前，教えていただけますか」

　実は，移動中に婚活パーティー中に書き留めたメモを見直したのだが，彼女は自己紹介カードにイニシャルしか書いていなかった。「趣味は外食とショッピング」とだけメモが残っており，特にコミュニケーションがはずんだ相手で

はない，ということだけは覚えていた[6]。いきなりこのような高級レストランに入り，一番高いメニューを注文したところで一抹の不安を感じていたが，ひとまず彼女を知る必要があると考えていた。

　「んー，どうでもいいじゃん。教える必要あるかな」

　全く予想外のことを言った後，彼女は鼻歌を歌いつつスマホをいじりだした。
　料理がサーブされ始めてからは，スマホで写真を撮り，美味しいと笑顔になることはあっても，私からの問いかけに答えることはなかった。食事中に唯一私に話しかけたのは，デザートにもう一品追加するときだけだった。要は，ここの会計はすべて私が支払うことの念を押しただけなのだろう，と思った。
　食事を終えた後，「ありがとう」も言わずに彼女はスマホをいじっている。インスタグラムを更新しているようで，先程追加注文したデザートの写真がちらりと見えた。

　「買い物に行こう」

　インスタグラムの更新に満足したのか，彼女はまたスタスタと歩き始めた。ついて来い，ということらしい。この瞬間，私は嫌な予感を通り越して，次に彼女が何を言い出すのかに興味が湧いて，ついて行ってみることにした。

　「これ，ください」

　連れて行かれたのは，某高級ブランドのショウウィンドウの前だった。彼女が店員を捕まえて，指差す先にあるのは，20万円ほどの値札が付けられたハン

6　正直，機械的にマッチングの申込みをしていたので，自分がカップル成立したことを告げられた際に，その相手がどんな女性だったかを全く覚えてない状態だった。

ドバッグだ。

　「うわ，すげー値段」

　見たことのない価格のバッグに思わず本音が漏れると，彼女は満面の笑みで
初めて私の目を見て口を開いた。

　「さっき好きなバッグ，買ってくれるって言ったじゃん」

　そんなことは言っていない。移動中も食事中も，まともな会話をしていない
ではないか。そもそも，私は彼女の名前すら教えてもらっていない。イニシャ
ルは自己紹介カードに書いてあったが，それが本当の名前なのかさえもわから
ないのだ。

　「しらんがな」

　思わずそう言って，私は踵を返し店を出た。彼女が何か罵声を私に浴びせて
いるのは聞こえたが，店を出た後は走って逃げたのでわからない。LINEを交
換していたので鬼のようにメッセージが届き始めていたが，内容を確認するこ
ともなくブロックの操作をした。
　マルチ商法の営業マンや，結婚詐欺師が獲物を探して婚活パーティーを利用
するという噂話を見聞きしたことがあった。彼女は自己紹介カードの趣味に
「食事とショッピング」と書いてあったが，正確には「高額な外食を奢っても
らい，欲しい物を買ってもらう」ことが彼女の趣味だ。奢らせる相手探しに婚
活パーティーを利用しているのだろう。この日の私は，今風に言えばパパ活の
相手として選ばれたのだ。女性にとって，婚活パーティーのこういう使い方も
あるのかとびっくりもしたが，浮気相手を探すために既婚男性が身分を隠して
婚活パーティーを利用するケースもあると聞いていた。その意味では，「お互

いさま」なのかもしれない。

6　戦略変更とマッチング，そしてクリスマス前の別れ

　この出来事で，私は高収入男性目当ての婚活女性に少し恐怖を覚えた。そこで，最後の婚活パーティーのつもりで注目したのが，女性側の参加条件が「年齢差10歳以上の年上」を希望する婚活パーティーだった。開催頻度が都内でも月に一度程度のニッチ企画である。収入条件は先程の婚活パーティーと同一であったが，「10歳以上の年の差婚」を強調している企画である分，危険性が低いと考えた。そして何より，この企画は43歳以上の男性が参加条件であったため，少なくとも「より若い」男性に女性の参加者が集中せず，筆者にもチャンスがあるのではないかという計算が働いた。

　この計算がうまく働いたのかわからないが，この婚活パーティーで筆者は一回り年下の32歳・事務職の女性とのマッチングに成功してしまった。おそらくは，このパーティーに参加した男性の年齢が40代後半〜50歳前半が中心となっていたため，44歳の筆者が比較的若い部類に入ったことが原因だと思う。実際，一巡目のコミュニケーションを終えた後に主催者からフィードバックされた女性側からの好感の数は，女性参加者の半数を超えるという，過去最高の好成績だったのだ。

　婚活パーティーはあくまで出会いの場を提供するサービスであるため，マッチング後の連絡先交換を経て，実際に交際から結婚に至るか否かは，当人同士の判断に任せられる。婚活パーティーの出会いの壁を乗り越えた後に直面するのが，恋愛の壁だ。婚活総合サービス企業のウェブサイトでも強調されているように，出会いから恋愛感情を発生させ，正式な交際に結びつける努力が求められる。特に男性側は，女性をその気にさせる服装，立ち居振る舞い，デートの行き先や店選びから言葉遣いまで，様々な努力が求められる。

　実は，私の趣味（アウトドア・スポーツ）と彼女の趣味（美術館・カフェ巡

り）は著しく異なっていた。そのため，私はまずは彼女の希望を尊重し，意見を聴きつつ，普段は行くことがない美術館の特別展示企画やおしゃれなカフェやレストランに一緒に出かけるという行動を，月2～3回の頻度で繰り返し行った。ここで最優先したのは，とにかく彼女に楽しんでもらうことだった。2ヶ月ほどデートを繰り返しているうちに，私の入試業務が終わる年度末に，一緒に沖縄旅行に行くためのスケジュール調整や，宿泊するホテル選びをする程度には，打ち解けた関係になっていた。

　実際に旅行に行く前に，ちゃんと関係をはっきりさせたほうがよいだろう。12月にはいる頃には，私はそう考えるようになった。婚活パーティーで出会った関係である。可能な限り早く，結婚への意思を私が見せる必要がある。彼女は事あるごとに，結婚したいと言い続けていた。少なくとも，一緒に沖縄に旅行に行こう，と具体的な予定を立てるくらいの関係にまで発展しているのだ。断られるはずはない，と意を決して，結婚を見据えた交際を申し込んだ。

　　「言い出しにくかったのだけど，ちゃんとした交際はやめておきたい」

　結婚を前提とした交際の申し出に対して，少し考え込んだ後の彼女の解答は，全くの想定外だった。

　　「この2ヶ月，すごく大事にしてくれたし，いろんなところへ連れて行ってくれ
　　て，気も遣ってくれて嬉しかったし楽しかった。そしたら，こんな私でもこれ
　　だけ大事にしてくれるって自信がついたし，だったらもっと若くて（見た目も
　　収入も）上の人と恋愛して結婚するのも狙えるなと思っちゃって。だったらあ
　　なたとは無理に付き合わなくてもって思ったの」

　しかし，これで終わりではなかった。彼女は私が想像することも出来ない，更に斜め上にかっ飛んだことを言い出した。

「それでさ，この前，高橋さんが見せてくれた写真に一緒に写っていた先生，紹
　介して」

　確かに10日ほど前，私は釣りに行った時の写真を見せていた。その時に一緒
に釣りに行ったのは，私が学部生の頃から研究指導を担当し，現在は都内の大
学で専任教員として勤務しているⅠ君だった。当時の年齢は，ちょうど私と年
齢が一回り下になる32歳。少なくとも，私より遥かにイケメンの独身男性だ。

　「いや，それ無理だわ」

　私はそう答えて，席を立った。彼女が何を考えているのかわからない，そう
思った。自宅に帰り着いた頃に，じわじわと悲しみと怒りが湧いてきたが，彼
女の意図がわかるに従い，怒りも悲しみも，すべての感情が無に帰っていった
のを憶えている。
　彼女は，私に不満や不足を感じたわけではない。むしろ，大きな満足を得て，
女性としての自信を得た。都内だけでも毎日数十件，婚活パーティーは開催さ
れている。そこには，目の前にいる私より好条件の男性が必ず参加している。
32歳の彼女にはまだじっくりと配偶者を選ぶ時間的猶予が残されている。だか
ら，より良い結婚の可能性を追求すると筆者に突き付けたのだ。
　そして，つい10日前まで恋人同然の付き合いをして，年度末には旅行に行く
約束をしていたとしても，正式な交際を断ってしまえば私はただの友達だ。
だったら，私の友人であるⅠ君を紹介してもらって当然，そう考えたのだろう。

　「女って，怖いな」

　10日前。私が釣りに行った時の写真を見せた時，彼女がⅠ君と一緒に写って
いる写真に妙に食いついていたことを，今更ながらに思い出していた。

7　婚活パーティーにおける婚活戦略

①婚活パーティーという場の設計

　2018年6月から12月までの，婚活パーティーを利用した私の婚活は，このように幕を閉じてしまった。婚活パーティーの会場でも，マッチング後の交際でも，女性に翻弄され続けた半年だった。ただ，この婚活パーティーの経験を通じて，婚活市場という場を支配する独特の力学を知ることになった。

　まず，婚活市場では，女性と男性で価値の計算方法が異なってくる。端的に言ってしまえば，女性は年齢が価値であり，男性は年齢と年収の総和で価値が測られている。

　婚活パーティーに参加可能な年齢条件は，男性は20〜50代まで幅広く設定されているのに対して，女性は20〜45歳程度に設定されている。女性は年齢が若いほど価値が上がり，45歳を境に価値を失い，参加できる婚活パーティーがほとんどなくなる＝市場から退場を求められる。

　それに対して男性は，年齢と年収の総和を基準に，足きりラインが設定され，ランク分けが行われる。まず足きりラインは，目に見える形で明示されてはいないものの，年収が問われないのは20代半ばまで，20代後半から30代半ばまではその年代の平均年収，30代後半以後は平均年収以上の収入が参加条件に求められるケースが多く，この条件を下回ると参加可能な婚活パーティーが極端に減少する。次にランク分けは，おおむね年収500〜600万円以上の20代，年収800万円以上の30代・40代，年収1,000万円超の高収入男性にカテゴライズされ，高収入の男性はより若い女性と出会える婚活パーティーへの参加が可能になる。ただし女性と異なり，男性は50代でも高収入や安定職種であれば，婚活パーティーに参加する価値があると判断されている[7]。

7　婚活パーティーの参加費は男性の方が高く，女性の方が安い。お見合い型の婚活パーティーにおいて，個室ブースや座席を回るのは男性であって，女性ではない。Web上の婚活パーティーの説明も，「高収入・安定職種の男性に会える」という形で，女性に対する説明になっていることが多い。

②婚活パーティーで無力化する私

　このような価値評価のもとで，参加者の持つ価値が一様に揃えられ，1回限りのオープンな出会いを繰り返していくことが，婚活パーティーの特徴となる。これが，婚活市場特有の男女間の力学を生み出すことになっている。

　職場や友人関係での男女の出会いは，通常は年齢も年収もバラツキがあるだけでなく，限られた人脈や空間の中で中長期的に人間関係が作られていくことを前提にして生まれる。その結果，「Aさんは収入は良い（or 美人だけど）けれども，性格に難がある」とか，「Bさんの収入は良くない（or 容姿は良くないけど）けど，一緒にいると楽しい」という形で，人の価値は総合的に判断される。したがって，誰と交際し，結婚するかは自分が生活する時空間の人間関係を踏まえた上で判断されていくことになる。婚活市場と同じく，女性の年齢と男性の年齢と収入は，交際や結婚を判断する際の価値基準となっているのは同じであるが，限られた出会いでの中で，長期的な人間関係を構築していくため，不利な条件を挽回していく機会が，男女ともに平等に存在する。

　婚活パーティーの場合，1回限り，1人あたり20分ほどの出会いを，婚活市場からの退場を迫られるまで，何度も繰り返して得ることが可能になる。ここで注目せねばならないのは，婚活パーティーにおいて収入条件が求められるのは，男性のみであるということだ。つまり女性は婚活パーティーに参加していくことで，普段の人間関係では出会うことができない高収入の男性と出会う機会が何度でも開かれることになる。しかし，それを理由に，女性が「より高収入の男性」を求めて「もっと良い人がいるかもしれない症候群」に陥っているのかというと，そうとは限らない。婚活パーティーでは男性の年齢と年収が揃えられているため，女性はそれ以外の価値を有する男性を探索することが可能になる。それが，ハイスペック男性向けパーティーにおいて私が経験した，広告代理店勤務のイケメン男性を取り囲む行列待ち現象だ。年収も年齢も同水準であれば，イケメン＝容姿が優れている男性の価値が最も高い。婚活パーティーは連日開催されており，常に次の可能性が担保されている。特に時間的猶予が残されている若い女性ほど，イケメン男性の行列待ちをする。だめなら

次のパーティーに参加するというのが，女性の婚活戦略になっているのだと考えられる[8]。

　さて，この女性の行列待ち現象を生み出す婚活パーティーの力学を踏まえると，高収入の男性が婚活パーティーで若い女性を選び放題になるわけではない，ということもご理解いただけるだろう。女性が行列待ちを婚活戦略として遂行している限り，婚活パーティーでは1人から少数の男性だけが，複数の女性の中から相手を選べる立場になってしまう。つまり，年齢・収入が揃えられた状況の中では，比較優位を有する男性がその婚活パーティーでの勝ち組となる。その比較優位性が一番わかりやすく表れるのが，イケメン＝優れた容姿だったわけである。

　他方で，1回限りのオープンな出会いという状況は，イケメンの行列待ちとは異なる，「もっと良い人がいるかもしれない症候群」も生み出している。それが，同じ趣味を持つ男女の出会いを企画した婚活パーティーで私が経験した，完璧なマッチングの追求だ。

　同じ趣味を持つ人を集めて開催される婚活パーティーは，関口（2010）が指摘する保存婚を結婚の価値として見出す男女の出会いの場であるといえるだろう。しかし，保存婚に結婚の価値を求めるからこそ，参加者はより細かな条件の違いをコミュニケーションで確認し，最善のマッチングを図っていくことになる。その結果,「アウトドア好き」や「スポーツ好き」という婚活パーティーの企画趣旨では一致していても，当事者間でマイクロな相違が逆に顕在化してしまう。当然，婚活パーティーは連日開催されているのだから，完全に趣味が一致しないのであれば，より多く一致する相手を求めてマッチングを見送るという選択が合理的になる。この状況では，年齢や収入といった優位性は，完璧なマッチングが成立した後にしか効果を発揮しないことになるのだ。

---

[8]　同時に，これは女性特有の現象では無いことにも注意が必要であるだろう。筆者自身が経験したように，男性も自分の希望する年齢の女性がパーティー会場に揃っていることを前提条件として，容姿・職業・学歴などを比較考量し，マッチングを先送りにしているのである。

③婚活女性の価値の増大とポートフォリオ戦略

　最後に，年齢や年収という基準で男性の参加者のスペックが揃えられ，婚活
市場から退場するまで出会いの機会が無限回用意されているという婚活パー
ティーという場の設計は，男性にとっては悪夢と言える「女性の冷徹な婚活戦
略」を生み出していくことになる。婚活パーティーで私がマッチングした2つ
の例から，その婚活女性の冷徹な婚活戦略の遂行を見ていこう。

　順序は逆になるが，クリスマス前に別れを告げたその場で，私の友人の教員
を紹介するように要求した事務職（32歳）の場合である。

　彼女は「こんな私でもこれだけ大事にしてくれるって自信がついたし」と前
置きしたように，自己評価を低く見積もっていた。しかし，婚活パーティーで
私と出会い，交際を重ねて結婚の二歩手前までたどり着いたところで，「だっ
たらもっと若くて（見た目も収入も）上の人と恋愛して結婚するのを狙えるな
と思っちゃった」と，婚活市場での自身の価値を見直し始めたのである。その
タイミングで知ったのが，彼女と同年代で私の友人である大学教員のI君で
あった。同じ大学教員であれば，彼女にとってI君は私より「若くて上の人」
だ。自分が婚活市場で「戦える」だけの価値があると自認したのであれば，も
はや40も半ばを迎えている私にこだわる必要はないので，堂々と「一緒に写っ
ていた先生，紹介して」と要求することができる。もしこの要求が通用しな
かったとしても，彼女は婚活パーティーに明日からでも参加できる。

　私に彼女を魅了させるだけの魅力が足りなかったからそうなったのだ，とい
うご意見もあるだろう。確かにそのとおりであり，そこは否定しない。ただ，
女性側が婚活パーティーでの出会いの経験から，婚活市場における自分の価値
をその都度見直しながら，どのような条件の男性を配偶者として選ぶのか，婚
活を通じて自分が何を得ようとしているのか，その戦略的目標をその都度変更
していることに注意をしていただきたい。おそらく，「とにかく結婚したい。
できれば同世代から年下で」程度の漠然とした男性の戦略的目標より，女性の
婚活における戦略的目標は遙かに精緻かつ都度変更されている。

　それが極端に表れたのが，6歳年下の幼稚園教諭とのマッチングだった。婚

活パーティーで私が初めてマッチングした彼女の目的は，高い食事とブランド品を奢らせることにあった。彼女のような人にとって，婚活パーティーは高収入のイケメンを結婚相手として探す場であるのと同時に，自分の生活を彩る食事や装飾品を買わせる財力を持った相手を探す場でもあるのだ。イケメン男性の前で行列待ちをしていた女性達は，その男性との出会いという利益しか婚活パーティーから得ていない。しかしこの幼稚園教諭は，婚活パーティーに配偶者探索の場以外の利用方法を見つけ出した。婚活パーティーは，高収入男性が集まる場所なのだ。だったら，イケメン以外は無視するなんて勿体ない。好みの男性以外は，自分が欲しいものを買わせる相手とみなせばよいのだ。半ば無自覚的であるだろうが，彼女の中には図表3-2のようなポートフォリオが描かれており，出会った相手ごとに婚活戦略を遂行していたのだろう。婚活市場は参加者の価値を浮き彫りにし，互いの価値をレバレッジとして，婚活という活動からあらゆる利益を生むことを肯定していく場なのだ。

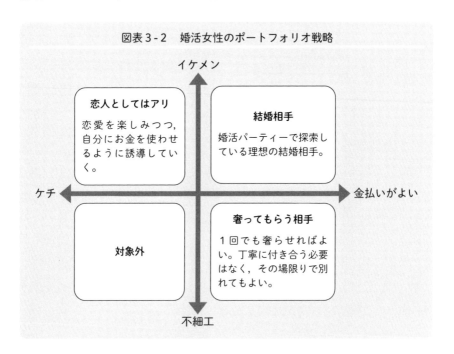

図表3-2　婚活女性のポートフォリオ戦略

第 4 章

婚活総合サービス企業の利用

商品化される私

　2019年３月25日，卒業式とゼミ生の追いコンや，年度内の公式行事も終わり一息ついた頃，私は週末に釣りに行く予定をたてるために，ベッドに寝転び iPadで関東一円の釣り船の検索をしていた。ふと視線をずらすと，「あなたの結婚力を診断します」と題するGoogleのバナー広告が掲載されていた。このようなバナー広告が出てきた理由は，私が昨年中，多数の婚活パーティーに参加したからだった。この婚活パーティーでの婚活が散々な結果と苦い思い出しか残らなかったこともあり，婚活総合サービス企業へと誘導するこのようなバナー広告は年明けからすべて無視していた。

　しかしこの夜は，2019年度の公務が終了した開放感から，ちょっとしたイタズラ心もありバナー広告をクリックした。この時点で私は，婚活パーティーでの経験を通じて，自分自身が女性に選ばれる価値のない存在であると認識していた[1]。改めて婚活市場における自分の無価値を再確認したくなった私は，「婚活総合サービス企業を困らせてやれ」という自虐的なイタズラを思いついたのである。

1　入会への勧誘──婚活への魔法をかけられる

　いくつかのバナーをクリックした先に現れた結婚力診断テストとは，身長・学歴・職業・年収，家族構成，未婚／離婚，婚活経験の有無など，婚活パーティーで入力する会員情報や，いわゆるお見合いにおける釣書に求められる内容を記入していくものであった（図表4-1）。

1　なにしろその頃には，婚活パーティーでの経験をもとに「増大するあなたの価値，無力化される私：婚活パーティーにおけるフィールドワークを通じて」と題する論文を作成し，学会誌での査読プロセスに入ったところだった 。その論文で婚活パーティーという場において私自身がどこまで無価値な存在に陥ったのかを赤裸々に記述し，自分自身に「全く価値がない」ことを再確認していた。

図表4-1　結婚力診断テストのイメージ[2]

あなたのプロフィールを教えて下さい（正しく入力すると，マッチングの精度が上がります	
性別	男性　女性
生年月日	※1978年1月1日生まれの方は「19780101」と入力してください
お住まい地区	都・府・県　　市・町・村
あなたの休日は？	（主に土，日，祝日）（主に平日）（不定期）
あなたは婚活したことは？	（ある）（ない）
いつ結婚したい？	（すぐにでも）（1年以内）（2～3年以内）（いつかは）
結婚するために恋愛は？	（絶対必要）（あったほうが良い）（必ずしも必要ない）（必要ない）
あなたの身長は？	cm
あなたの学歴は？	（高等学校）（大学）（大学院）
あなたの職業は？	
あなたの年収は？	万円
あなた婚姻歴は？	（無し）（有り）

　「さて，どういう結果がまっているかね」と苦笑いしながら，私はすべての項目に情報を入力し，データを送信した。約半年後に45歳となる私は，婚活パーティーに参加し続けた1年前より更に，条件が悪くなっているはずなのだ。無価値の私の結婚力など診断できるはずない，やれるものならやってみろ，と自虐的に笑いつつ眠りに落ちた。

　3月28日，キャンパスに出向き出張関連の書類手続きを済ませて帰路に着く途中，携帯電話に受信履歴が残っていることに気づいた。確かめてみると，見知らぬ電話番号である。その電話番号をWebで検索すると，「結婚力診断」を提供している大手婚活総合サービス企業MA社[3]の新宿支店であった。診断結

2　実際に入力した画面をもとに筆者作成。

3　MA社は婚活の英訳Marriage Activityをもとに創作した企業名である。筆者が入会した婚活総合サービス企業の企業名と直接的な関係はない。

果ならメールで返送すればよいのにと思いつつ，私は折り返しMA社の新宿支社に電話をかけた。すると電話口に出てきた担当者は若干興奮した様子で，一気にまくし立ててきた。

> 「お送り頂いたデータを入力したところ，女性会員とのマッチングが1万人を超えました。滅多にないことなので，是非，お越しいただいてご確認いただきたいのです」

　私は「なんて下手な営業電話だ。引っ掛けるつもりだとしても，もう少し現実味のある数字を出せよ」と思いつつも，どういう根拠でこのような数字をはじき出したのかという興味に負け，土曜日に予定していた釣行を中止しMA社の新宿支社を訪問することを約束した。
　MA社の新宿支社に行くと，新宿支社支社長を名乗る女性が，私の前に現れた。その支社長が持ってきたのが，私が「結婚力診断」で入力した年齢，学歴，年収に対して，結婚相手の条件に合う同社の女性会員が全国で1万数千人いるというデータであった。

> 「そりゃ，単純な条件マッチングを全女性会員にしたら，それくらいの数字はでちゃうでしょ。データ上は詐欺みたいな好条件なんだから」

　私は苦笑しながら，そのデータを一笑に付した。新宿支社長はそれを見透かしたように「より，現実的なマッチングで試してみましょう」と，同社のマッチングシステムの数字を再入力していった。女性会員の居住地を東京・神奈川に限定し，年齢条件を私と同年齢から5歳年下の未婚，最終学歴を大学卒までに絞った。その条件の女性会員のうち，私が結婚相手の求める条件と一致し，マッチングする女性は2,500人という結果が画面に表示された。
　支社長は「これは相当多い数字ですね」「この数字は，高橋さんが大学教員というキャリアを獲得してきたことの結果ですね」「高橋さんが理想の結婚相

手を選べる立場ですよ」と褒めそやしつつ，「女性の参加費が原則無料の婚活パーティーと異なり，弊社のようなサービスは女性会員も男性会員と同額の会費を支払っているので婚活への本気度が違いますし，弊社の社員からのサポートが決定的に異なります」とMA社の提供するサービスを次々とアピールしていく。Webを利用したマッチングサービス，担当者による引き合わせ（お見合い），会員だけが参加できる婚活パーティーといった複数の出会い支援のみならず，婚活に向けたファッション講座や話し方講座，担当者によるデートからプロポーズに至る相談まで，MA社の提供するサービスは多岐にわたっていた。

　女性も会費を支払う婚活総合サービス企業を利用したほうが結婚できるということは，MA社とは異なる婚活総合サービス企業に就職したH君からも聞いた話であった。しかし，婚活パーティーで散々な目にあった私には，支社長の話はこの業界でありがちな営業トークにしか思えない。そこで一つ，私は嫌がらせを思いついた。

　　「（自分と干支が一周り下になる）33歳から25歳，学歴は大学卒業以上で，現在
　　定職についてる女性会員とのマッチングを試していただけますか。正直，婚活
　　パーティーでかなりひどい経験をしたので結婚する気がなくなっていますし，
　　かなり高額の入会金と月会費を支払うのであれば，それくらいの条件の相手と
　　結婚できるのでないと，サービスを利用しようと思えませんね」

　私は，無茶苦茶な条件を突きつけて，これ以上の勧誘を諦めさせようとしたのである。支社長は「会員さまのご希望に沿うのが弊社の使命ですのでマッチングを試しますが，入会時にご希望する条件のマッチングが120人を下回った場合は，会員登録をお断りすることになりますので，その点はご了承ください」と説明しつつ，怪訝な顔で私が希望する結婚相手のデータを打ち込んだ。

　　「あら，すごい」

　支社長がリターンキーを押した数秒後に画面に表示されたのは，200件を超えるマッチング結果と，該当者のデータであった。

　　「私も無理な条件だと思っていたのですが，高橋さんくらいのステータスだと，
　　かなりの数のマッチングが成立しますね。この条件通りで上手くいくと保証は
　　できませんが，そうとうご希望に添える，理想的な結婚相手を見つけることが
　　可能だと思いますよ」

　支社長は満面の笑みで私と向き合った。私自身はこの条件を突きつけることで話しを打ち切って，翌日の釣行の準備をする予定だったので呆然としつつも，MA社を利用することに少し興味がわき始めていた。

　　「とりあえず，資料と入会に必要な書類一覧をもらえますか」

　私はそう告げて，ひとまずこの話を終わりにしようと思った。一度，冷静になって熟考すべきだと考えたからだ。それに対して支社長は何か手応えを感じたのか，ニコニコと笑いながらMA社の入会希望者向けのパンフレットとともに，必要書類の一覧を用意してくれた。

　　「高橋さんは，いろいろな苦労と努力を重ねて今の立場を勝ち取ってきたのだと
　　思います。人生の最大最後のトロフィーとして，理想のお嫁さん探しを，ぜひ
　　弊社にサポートさせてください」

　別れ際の支社長が言ったトロフィーという言葉に少し引っかかりを覚えつつも，資料を鞄にしまい，私は帰路についた。

2　会員登録と研修——商品としてラッピングされる

　支社長との面談を終え，資料を持ち帰ってから2週間あまり，私は悩み続けていた。婚活パーティーでの経験から，自分には全く価値がないと信じていた。しかし，MA社でのマッチング結果で，常識的な条件で2,500人以上，相当無茶な条件を設定しながら200人以上の女性会員とマッチングしたという厳然とした数字で結果が出てしまったのである。もちろん，単なるデータベース上のマッチングでしかないため，私の姿形や趣味趣向，話し方や考え方が合わなければ，結婚という結果にはつながらない。そこは理解している。しかし，最大で2,500人，最小で200人という数字は，1年弱の婚活パーティーで出会った人数より遥かに多い。更に，年収や年齢，趣味といった簡単な指標で開催される婚活パーティーと異なり，この2,500〜200人という数字が，「高橋勅徳という人間が，結婚相手の条件に入っている」女性会員を意味しているのである。トロフィーという支社長の表現は引っかかりを感じていたが，少なくとも私が絶望した後に開き直った，無価値であるという認識は時期尚早だったのかもしれない，という気持ちにはなっていた。要は，婚活総合サービスを利用し，婚活を再開することを前向きに考え始められるようになり始めたのである。GWに入る前に支社長に電話を入れ，入会の意思を告げていた。

　婚活総合サービスに入会する際に提出が求められる書類は男女ともに，(A)家族構成と婚姻歴を示す戸籍謄本と独身であることを市町村が証明する独身証明書，(B)確定申告書などの年収証明書類，(C)最終学歴を示す卒業証明書である。これは，登録された会員情報に虚偽がないことを証明するために必要であり，自己申告で参加可能な一般の婚活パーティーとは最も異なる点であった。これらの書類を一通り揃えたGW明けに，私はMA社の男性会員となり，婚活を再開することになった。しかしながら，入会手続きを済ませたからといって，その日から婚活を始められるわけではない。MA社のデータベースに登録し，女性とのマッチングをスムーズに進めるためのラッピングの工程が筆者を待って

いた。

　その第一段階がプロフィール写真の撮影である。入会手続き終了後に支社長より紹介された担当者は，私の前にファッション誌を広げた。私にとって読書は仕事であり趣味であり，興味を持ったジャンルは何にでも食いついてきたが，一度たりとも手にとったことのないのがファッション誌であった。

　　「Webのプロフィール写真は，カジュアルでありつつ清潔感が重要になります。高橋さんは体格が良いので，紺か黒系のジャケットに青系のシャツがおすすめですね。持っていますか？」

　　「スーツやジャケットのときは，赤系のシャツを着ていることが多いので，青系は持っていませんね。赤系のシャツに合わせるスーツは持っていますが，青系に合わせるのは考えたことないですね」

　　「じゃあ，買ってきてください。赤系より，青系の方が爽やかなイメージを持ってもらえますので」

　私には清潔感，爽やかという担当者が求める婚活ファッションへの要求が理解できず，言われるままにジャケットと青系のシャツを購入し，MA社と提携する撮影スタジオに向かった。撮影スタジオでミリ単位のポーズ指定をされながら，30分ほどの時間をかけてプロフィール写真の撮影が行われた。出来上がりの写真を見た私は，思わず「写真詐欺じゃん」と呟いた。少なくとも普段，釣りに行ったり，バイクのツーリングで撮影された私とは異なる「誰か」が，自己紹介用の写真として完成していた（図表4-2）。

図表4-2　自己紹介ページのイメージ[4]

- 1974年8月18日生まれ
- 婚姻歴なし
- 職業：大学教員
- 年収：1,000万円以上
- 家族構成：母親・妹（別居）
- 趣味：釣り，バイク，ツーリング，筋トレ
- 結婚相手に求めること：価値観の共有・共働き

［自己PR］
- 都内の大学に勤務しています。普段は大会出場を目指して筋トレに励みつつ，休日は釣りやバイクでのツーリングを楽しんでいます。趣味や価値観が合う方を探して登録しました。よろしくおねがいします。

［担当者の推薦コメント］
- 大変優秀な方ですが，常に謙虚で丁寧な大人な男性です。お仕事にもやりがいと責任感をもって真摯に取り組まれており，その姿勢はとても尊敬できます。お人柄はとにかく優しく穏やか。その裏表のないまっすぐで誠実なお人柄は，誰からも好かれることでしょう。お相手には多くを求めず，日々のささやかな幸せを共有できるようなパートナーをお探しです。ぜひお会いになって，彼の素晴らしさに触れてみてください。

　この写真撮影と平行して，自己PRの内容をデータベースに登録した。ここでは，「結婚力診断」に入力したデータに加えて，筆者の日常生活がわかるように，趣味や特技，休日の過ごし方，結婚相手に求めることを入力していくことになる。私は写真詐欺と同じく，自己紹介文も「女性ウケ」を狙った内容にすべきか担当者に相談した。

　　「そこは，女性ウケを気にせず，高橋さんの正直な趣味や希望を書いてよいですよ」

　担当者が言うには，年収や職業，学歴や身長はマッチングの条件になるが，

4　実際の登録画面をもとに筆者が作成。

その後に実際に交際し，結婚相手として選ぶ要因になるのがライフスタイルや価値観の一致になるということだった。つまり，女性ウケを狙ってここを偽装すると，逆に結婚が遠のく可能性が高いのだ。

　一連の入会手続きを終えた後，新規入会者向け研修への参加が求められた。これはMA社の提供するサービスの内容，データベースの利用方法，マッチング・お見合いの手順，婚活に役立つ研修など説明が一通りされる入会ガイダンスであり，同時にマッチング成立後の交際に利用可能な新宿支社近辺のデートに適したカフェ，レストランの一覧を渡された。

　　「マッチングが成立して最初にお話する場所としては，スターバックスやタリーズは，周りが騒がしいことが多いのであまりお勧めしません。また，この近辺に多数あるチェーン店系の喫茶店は環境や立地が悪いことがあるので，ご利用は避けてください。また，カフェであっても，予約して席を確保することをお勧めします」

　新宿は自宅から一番近い街ということもあり，私にも行きつけの喫茶店やご飯屋，居酒屋がそれなりにあった。しかし，その一覧にあったのはすべて，私が入店を避けるようなオシャレな（私にとっては食事内容的にも価格的にも全く魅力的ではない）お店のリストであった。そもそも私が頻繁に利用するスターバックス，タリーズ，ルノアールなどのチェーン店の利用が禁止された時点で，「そこから変えていかないと駄目なのか」と驚いてしまった。

①清潔感を学ぶ

　新規入会者向け研修の講師は，続けて婚活に必要な最低限の身なり服装についても説明をしていく。

　　「女性は清潔感を一番重視します。毎月，できれば２週間に１回散髪をすること，女性会員とお会いになるときは爪の長さを確認することを忘れないでください。

　またファッションは無理に自分に似合わないオシャレな格好をするよりは，清
潔感を維持することを目指してください。ファッションに悩んだ際には，婚活
向けファッション講座も提供していますので，積極的にご利用ください」

　この段階で筆者が一番悩んだのが，担当者も新規入会者向け研修の講師も乱
発する，清潔感というキーワードである。ここまで彼女たちが言う清潔感とは，
具体的には「ジャケットと青系のシャツ」「こまめに散髪する」「爪を切る」の
3点であった。「散髪」と「爪を切る」ことは，衛生面での清潔感であること
は理解できる。しかし，衛生的な意味での清潔感と，「ジャケットと青系の
シャツ」の間には関連性がない。ファッションとしての清潔感の定義が，私に
はさっぱり理解できなかったのである。
　そこで私は，新規入会者向け研修で勧められるままに，婚活のためのファッ
ション講座を受講することにした。研修を担当するのは，MA社が提携する
ファッションコンサルタント会社であった。

　　「入会してから，何度も清潔感のあるファッションというのを求められている
　　ですが，定義されていないので全く意味不明です」

　私の率直な質問に対して，担当講師は極めてわかりやすく「清潔感」の正体
を説明してくれた。ファッション的な意味での清潔感とは，簡単に言えば「だ
らしなく見えない」服装を選択するという意味だったのである。私はボディビ
ルを趣味としていることもあり，ズボンもシャツもゆったり目のサイズを選ぶ
ことが多い。しかし，それではどのようなスタイルの服装を選んだとしても，
「だらしなく」見えてしまう。どのような体型であっても，体型に沿ったジャ
ストサイズの服を選択していくことが，「清潔感」の第一歩となるのである。
　更に，この清潔感を突き詰めていくと，細かなディティールに気を配ること
も重要になる。例えば，ジャケットにワイシャツを合わせる際，写真撮影の時
に指定された青系のシャツが「清潔感」をもたらすわけではない。ジャケット

やシャツの色や柄，デザインは，組み合わせのルールはある程度あるが，どのように自分を演出し，相手に見せるのかという点で影響がある。それに対して「清潔感」とは，ジャケットの裾からワイシャツの裾が出すぎていない（5ミリ程度見える長さ），襟がだらしなく広がっていない，というディティールからもたらされる。例えば，肩幅も胸囲もある私の場合，通常の襟の形だとジャストサイズのシャツを選択しても，大胸筋に押し上げられてだらしなく広がってしまう。その場合，ボタンダウンスタイルの襟のワイシャツを選ぶのが正解となるのである。

「要は，だらしなく見えないようにすればよいわけで，私が好んで普段着ているような，ゆったりとした服は，どんなに良いものを揃えてコーディネートしても，清潔感にはつながらないということですね？　確かに，ワイシャツでもポロシャツでも，襟が広がるのが嫌で，ボタンダウンばかり買っていました」

「そのとおりです。細かいこと言えば，ベルトと靴の色を合わせる，というのも清潔感につながる基本ですね。小物を含めて，ちぐはぐな組み合わせはだらしなく見えてしまいます」

「なんとなく，イメージが掴めてきました。そこで悩みなんですが，私は体型が特殊なので，スーツはセミオーダーでジャストサイズのものを持っているのですが，カジュアルな普段着は普通のお店で売っているものだと，そもそも入らないんですよ。だから，スポーツブランドや大きいサイズ専門店で買うので，ゆったりとしたファッションになりがちなのですが，そこはどうすればよいですか？」

「そういう場合は，ジャケットでもボトムでもゆったりとしたものを買って，ジャストサイズになるようにお直しするのをお勧めします。また，高橋さんの体格ですと，スポーツブランド以外でも，選べるお店がいくつか心当たりありますよ。女性と男性の出会いの場面での一番の違いは，女性はファッションや

身につけている小物から，本人の人柄を判断していく傾向が高いことです。これは，女性のほうが男性より，季節ごと，シチュエーションごとでファッションを選択する幅が大きいことが原因ですね。ですから，「だらしない」と見た目で判断された時点で，高橋さん自身のお人柄を伝えることは難しくなります。そもそも判断の基準が違うことを理解することが重要ですね」

②女性とのコミュニケーションを学ぶ

　この婚活のためのファッション講座の受講を通じて，清潔感の定義を学べたこと以上に意義があったのが，女性と男性の判断基準の違いが存在することであった。おぼろげながら理解していることであっても，専門家から明確に言語化されて説明されると，納得ができる。そこで，次に受講したのがコミュニケーション講座であった。講義や学会報告，フィールドワークなど人前で話すことが仕事の一環になっているものの，母親や妹と話していると「お兄ちゃんの話は，回りくどくて難しい」「理屈っぽすぎるし，話しすぎ」と苦言を呈されることが多かった。私には全く理解できない苦言であったが，そもそも婚活パーティーに参加していた頃は，女性とのコミュニケーションの仕方が間違っていたのかもしれないと考え直したのである。

　コミュニケーション講座の担当講師もまた，MA社と提携する多数の企業で研修を請け負う話し方に関わるコンサルタントであった。その研修で最初に示されたのは，「男性の会話は論理を求め，女性は共感を求める」という，よく聞くフレーズであった。当然，共感が何を意味するか，私にはよく理解できない。研修を聞き進めていくと，その共感の内容が徐々に示されていった。

　　「よく夫婦喧嘩の時に，夫は理詰めで攻めたら駄目で，じっと我慢するしかないと言われます。これが，論理と共感の違いです。男性にとって，問題を解決していくためにするのがコミュニケーションですが，女性にとっては「怒っている」とか「悲しんでいる」ことを共有してもらうのがコミュニケーションになります」

「だとすると，女性の話をよく聞きなさい，というのも感情の共有という意味ですか？」

「そのとおりです。ついつい男性は，話を聞いた後に解決策を探ったり，提案しますよね。そこは女性にとって重要じゃないのです。悩みを聞いてもらって，いっしょに困ったな，大変だなと思ってもらうのが，共感するというコミュニケーションです」

　この研修を受けて，過去の婚活パーティーの経験の中での，なるほどと思う場面がいくつか思い出された。例えば，私の趣味である筋トレや釣りの話をする際，私は「どこがどう面白いか，楽しいのか」ということを説明しようとしている。それに対して女性が求めているのは，楽しさの理由ではなく，「楽しい」という私の感情を共有することにあったのである。だとすれば，母親や妹が「回りくどい」「理屈っぽい」と文句を言う理由も理解できる。楽しさの理由が聞きたいのではなく，楽しんでいる感情を共有させてほしいのである。

　この会員登録から2つの研修を経て，私はようやく，婚活という場においてどういう振る舞いをすべきなのか，初めて理解できた。入会前に約1年にわたり苦しんだ婚活パーティーは，全くの徒手空拳の状態で，女性の前で空回りし続けていた可能性が高くなったのである。婚活に臨む女性の心理を知識として得たことで，ささやかながらの自信と，とるべき行動の方針を手に入れ，実際のマッチングを目指して本格的な婚活のスタートラインにようやく立ったのだという実感を得ることができた。

3　マッチング──商品として比較される

　登録手続きと各種研修を一通り受けた後，本格的な婚活をスタートしたのは5月終盤であった。

　MA社に入会した男性会員が女性会員と出会う方法は，Webマッチングサー

ビス（毎月，担当者から5名の推薦有り）と，担当者を介した引き合わせ（お見合い），会員のみが参加可能なパーティーの3種類になる。担当者からは，成婚者のうちWebマッチングが3割，引き合わせが4割，パーティーが2割であるが，パーティーは複数の女性会員と一度に会話できる機会なので，積極的に参加してほしいと説明を受けた。しかし，パーティーには参加条件で年齢が設定されており，私が参加可能なパーティーは入会期間中に一度も開かれることはなかった。そのため，婚活の場はWebマッチングと引き合わせの2種類のみに限定された。

①Webマッチングサービスでの大惨敗と混乱

　Webマッチングサービスとは，近年婚活のツールで利用されるPairs[5]を代表とするマッチングアプリと同じ仕組みである。ただし，マッチングアプリは誰もが利用可能で，写真も登録する情報も自己申告であるのに対して，婚活総合サービス企業が提供するWebマッチングサービスは会員のみが利用可能であり，その登録情報も公的書類と婚活総合サービス企業の管理により事実であることが確認済みであることが異なる。

　マッチングアプリは課金すれば1日何人もの女性に申込みが可能であるが，私が会員となったMA社の場合，月15件までの申込みの権利と最大5件の担当者からの推薦という，20件の申込みの権利が与えられていた。会員からの申込みが受け入れられマッチングした場合，Web上のチャットシステムでコミュニケーションを繰り返し，実際に会う約束を取り付けていくことが求められる。私は入会時に東京・神奈川で2,500から200人の女性会員と条件がマッチングしていたこともあり，Webマッチングサービスを利用した婚活について楽観視していた。

　しかしながら，私の楽観的な期待は，最初の3ヶ月のWebマッチングサービスの利用で脆くも崩れることになる。

5　我が国において最も利用登録者数が多いマッチングアプリ（https://www.pairs.lv）。

　最初の1ヶ月目は，今思い返せばかなり調子に乗っていた。支社長に嫌がら
せのつもりでふっかけた「33歳から25歳，学歴は大学卒業以上で，現在定職に
ついてる女性会員」のうち，私が結婚相手に求める条件に当てはまる女性会員
を選択し，自由に申込みできる15件の権利をすべてつぎ込んだ。この1ヶ月目
の申込みは，すべて「お断り」の返事が届くことになった。

　2ヶ月目はより現実的に，担当者が勧める同年代から5歳差までの女性会員
に15件の申込みの権利を費やした。これならば，1つや2つマッチングするだ
ろうと考えていたが，またもやすべて「お断り」の返事が届き，1ヶ月目と同
じく担当者からの推薦を含めて全敗という結果になった。

　3ヶ月目は，前月と同じ条件で申込みをしつつ，女性会員からの申込みを私
自身が求める条件に関係なくすべて受け入れ，マッチングを優先していくとい
う戦略をとることにした。要は，婚活パーティーでとった機械的マッチングと
同じ戦略である。とにかく，マッチングを成立させてコミュニケーションを
とっていかないと，自分の活動のどこが不味かったのか反省することすらも，

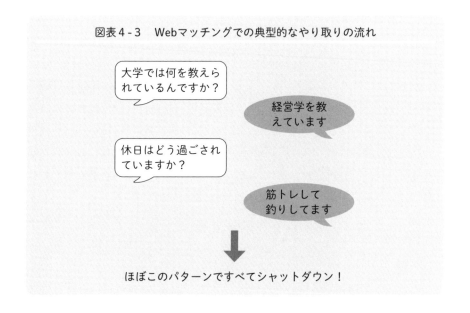

図表4-3　Webマッチングでの典型的なやり取りの流れ

婚活女性の気持ちを学習することもできない。そう考えて，過去2ヶ月の間に申込みがあった，上は48歳から下は35歳までの女性会員4名とマッチングを成立させたのである。

しかし，女性会員からの申込みに応え，Web上のチャットシステムでのやり取りを始めた場合であっても，図表4-3のような数往復のやり取りでシャットダウンされることになった。

数往復のやり取りのため，初回のあいさつを交換した後，自分の仕事内容や趣味・休日の過ごし方を相手が求めるままに書いたところで，いきなりやり取りを断られてしまう。私は何が原因なのかわからず，ただ混乱するのみだった。

②婚活女性はコミュニケーションをしない！

このWebマッチングサービスでの速攻シャットダウンの理由の一端を私が掴むことができたのは，ほぼ1ヶ月に一度行われる担当者を介した引き合わせの経験からだった。引き合わせは，各支社に在籍する担当者が毎月の会議で担当する会員の情報を突き合わせ，結婚に求める条件や趣味が一致する会員を選び出し，日程調整を行いお見合いの場を提供していくサービスである。私はMA社に在籍した6ヶ月の間，5名の女性との引き合わせを経験した。

引き合わせは一度新宿支社に集合し，担当者立ち会いのもとで対面した後，（新規入会者向け研修で提示されたリストに入っている）近隣のカフェ等でコミュニケーションをとり，まず相互理解を深め，連絡先を交換していくことが推奨されている。

この引き合わせの場において，私が心がけたのは，コミュニケーション講座で教えられた「女性の話を聞き」「論理ではなく心で共感する姿勢を示す」ということであった。少なくとも，婚活パーティーの経験と比較しても，1〜2時間のコミュニケーションは盛り上がり，女性会員と会話が弾んだという手応えも得ることができていた。メールアドレスやLINEの連絡先交換も，引き合わせで出会ったすべての女性会員に受け入れてもらえた。

しかし，カフェで別れたその日に私から送信したお礼のコメントに，返答が

届くことは一度もなかった。それどころか，LINEを介した私からのお礼コメントに対して，「既読スルー」どころか既読すらされないことも生じた。当然，引き合わせをきっかけにして交流を深めることは不可能である。Webマッチングで数度のやり取りの後，シャットダウンされるのと同じ状況に陥ったのである。

　混乱と不快感が増すだけの引き合わせを重ねる中で，最後に出会った女性が別れ際に「結構話ができる人なのですね」とポツリとつぶやいた。その言葉の意味がわからず，会計を済ませながら，私は「人前で話すのが仕事ですからね」と愛想笑いを返した。これまで通り，LINEへのお礼コメントが既読スルーされてしまうのを確認した後，じわじわと「結構話ができる人なんですね」という彼女の言葉の意味がわかり始めた。

　思い返せば，コミュニケーション講座で教えられた「女性の話を聞く」「論理ではなく心で共感する姿勢を示す」という姿勢が一切通用していなかったのだ。むしろ，「女性の話を聞く」機会すら，引き合わせの場面では与えられていなかった。女性側からは，仕事のこと，趣味のこと，家族構成のことなど，根掘り葉掘り質問が飛び，私はそれに対して応えていく。しかし，女性会員が私の情報について自己開示を求めるのに対して，彼女自身の情報についてはほぼ応えてくれないということに，この時，ようやく初めて気づいたのだ（図表4-4）。

　会話の手がかりを求めて私から話題を振っても，興味のないことは「そうですね」と一言で返されることが多い。ゼミ生とBBQパーティーをしている写真を見せると「楽しそうですね」と言ってくれるが，私が楽しそうな場面を共感しているわけではないことが，別の話題に変えることですぐにわかる。趣味の話を聞かれたから，こちらからどのような趣味を持っているのかを聞くと，判を押したようにすべての女性が「カフェに行って，家で海外ドラマを見ている」と答える。共感の手がかりを得ようとして，どのようなドラマを見ているかを聞くと，「いろいろです」としか答えず，具体的な番組タイトルをこちらから尋ねたりして会話を広げようとすると，「それも面白いですね」か「それ

図表4-4　引き合わせでの典型的なコミュニケーションパターン

女性会員	筆者（心の声も含む）
大学では何を教えていらっしゃるのですか？	
	大学でベンチャービジネス論を教えています。起業するために，こういうことをやらなきゃいけないとか，そういうことを教える授業ですね。○○さんは，お勤めの会社でどのようなことをされているんですか？
△△社で■■をやっています。	
	△△社というと，〜を扱っている会社ですよね？
はぁ。そうですね。	（仕事の話はつまらなそうにしているな）
	休日は海や山に釣りに行って釣れた魚を料理して食べたり，ゼミ生と一緒にBBQパーティーしたりしてますよ。
うわー，アウトドア良いですねぇ。	（ようやく会話になるかな？）
	○○さんはお休みの日に何されていますか？
Netflixで海外ドラマ見ています	
	◎◎（海外ドラマ）とか私も見ていますが，面白いですよね。○○さんは，何を見られているんですか？
いろいろです。	（海外ドラマじゃないか……）
	××（日本映画・アニメなど）とか面白いですよね。
日本のもいろいろ見ますね	（から無言）。

は見ていない」と言って会話を切られる。

　結局は，1時間ほどの引き合わせ時間のほとんどで，私は女性会員に求められるままに情報を提供し丸裸になることを求められつつ，彼女自身は話題どころか情報提供までも回避していく。思い返せば，最後の引き合わせで出会った女性会員との，休日の過ごし方をめぐる会話がその典型だった。

> 「(一通り自分の休日の生活を話した後) 休日はどのように過ごされているのですか？」
>
> 「えー。そんなこと，言わなきゃ駄目かな……まぁ，Netflixでドラマとか見てますね」
>
> 「いいですね。Netflixやアマゾンプライムはこの数年，日本で未放送の海外ドラマとかオリジナル番組で地上波ではできないようなこともたくさんやっていて，面白いですよね」
>
> 「そうなんですか。知らなかった」
>
> 「どんな番組を見られているんですか？」
>
> 「いろいろです (からの無言)」

　今思い返しても，コミュニケーション講座で教えられたような，共感することを女性側から拒絶されている。「そんなこと，言わなきゃ駄目かな」が，女性会員の本音であり，「Netflixでドラマとか見てますね」という発言は，ありきたりの休日の過ごし方を話すことで自分を隠しているのであり，「どんな番組を見られているのですか？」という私からの問いかけには，「いろいろです」という玉虫色の回答で流れを打ち切ったのである。つまりは，女性会員にとって，Webマッチングでも引き合わせでも，自分自身が欲しい情報だけが必要であり，そこで私が交際相手として不要と判断すればコミュニケーション自体

を拒絶しているのである。

　そのことに気づくと，2人目の引き合わせで出会った女性会員から別れ際に
投げかけられた，「人生をエンジョイしてますね」という言葉も，別の意味が
込められていることに気づかされ愕然としてしまった。私が研究者としてキャ
リアを積み上げてきたこと，学生に対して真剣に向き合おうとしていること，
筋トレや釣り，バイクといった趣味にエンジョイしていることが，そのすべて
が彼女にとっては無価値な情報でしかない。必要なことは，私が「エンジョ
イ」して楽しそうな生活を送っていることではなく，私が彼女たちに結婚でき
る価値を提供できるかどうかだ。共感するコミュニケーションは，そこには存
在しない。それが，LINEの既読スルーという結果につながっているのではな
いか，と思い悩むようになった。

③担当者に悩みを打ち明けてみる

　自分が何をしてきたのか，何を積み上げてきたのかなど，女性会員にとって
無価値でしかない。ファッション講座で教えられる清潔感は，女性にいきなり
拒絶されないためのスタートラインでしかなく，コミュニケーション講座の内
容はそもそも通用しない。もはや何をすればよいのかわからなくなった私は，
2019年12月，2020年1月に担当者と面談し，率直に悩みを打ち明けた（図表4
-5）。

　例えば，この半年近い男性会員としての婚活の経験から，釣りやバイク，ボ
ディビルといった自分の趣味が女性にとって魅力的ではないことに気づかされ
た。だとすれば，やはり女性に興味を持ってもらえる趣味に変える必要がある
のではないか。その疑問に対しては，「そのままでよい」と励まされた。それ
でも，ここまですべて「シャットダウン」と「既読スルー」ですと伝えると，
「お話が合わない方もいらっしゃるので，頑張ってください」と励まされる。
私がいろんな女性会員に申込みができるのと同じように，女性会員もいろんな
男性会員を選べる。だとすれば，婚活パーティーでの経験から「男性会員には
私より好条件で若いイケメンが必ずいるので，私が選ばれる理由がないのでは

図表4-5　担当者のやり取り

筆者	筆者の担当者
2往復以内にお断りされます。引き合わせで会った方と連絡先交換しても，最初の挨拶すら既読スルーです。	お話が合わない方もいらっしゃると思います。いつか高橋さんを良いと思う方と出会えるので，頑張ってください。
趣味を女性会員にウケる内容に変えたほうが良いですか？ 服装もだめなのでしょうか？	服装や清潔感は問題ないですよ。 バイクや釣り，筋トレが好きな女性もいるのですから，そのままで大丈夫。
冷静に考えたら，僕と同条件でより若いイケメンがいっぱい登録されてますよね。だとしたら，絶対にマッチングしないと思うのですが？	そんなことありませんよ。高橋さんのことを良いと思う方が絶対に会員にいらっしゃいますから，頑張ってください。
もう無理です。何がだめなのかフィードバックがないので，反省も学習のしようもないですよ。	心折れないで，頑張りましょう。1万5,000円でWebマッチングのおすすめページに3ヶ月掲載されますので，試しませんか？
某女性会員	**その会員の担当者**
○○さんが良くて，結婚したいんですが，返事がもらえないです。	じゃあ，担当者に連絡して追い込みますね！

ないか」と尋ねると，「いつか高橋さんを良いと思う方が会員に絶対いる」と励まされ，「1万5,000円の追加料金を払えば，Webマッチングサービスの「おすすめ」のページに掲載されるので，それをやりましょう」と勧められる。担当者との面談は2回とも，この会話の繰り返しであった。

　2回目の面談の合間，担当者が席を外したところで，隣の部屋で女性会員達が担当者と話している会話が耳に入ってきた。「何回か○○さんに会ってみたけど，ちょっと違う」という女性会員からの問いかけに対しては，どこが嫌なのかを聞き出しつつ「じゃあ，次はこんな人にしましょう」と担当者は提案していく。「○○さんと結婚したい」という女性会員からの問いかけに対しては，「じゃあ，向こうの担当者に連絡して追い込みをかけましょう」と弾んだ声で担当者が答える。斜向いの部屋からは，私とほぼ同じ悩みを涙声で訴える男性会員の叫びに対して，煎じ詰めれば「頑張りましょう」としか言わない担当者の説得する声が漏れ聞こえてきた。

　2回目の担当者との面談を終え，新宿支社を後にする時，入り口の掲示板に新しい掲示が貼られていることに気づいた。それは，「マッチング後のお断りは，お相手に失礼のないようにお願いします。お相手も人間であることを忘れないでください」という内容であった。新宿支社の扉を抜け，出口につながるエレベーターに向かう間に，この半年の活動内容，2回の担当者との面談，聞こえてきた女性会員・男性会員とその担当者の会話，すべてがカシャッとつながったのを感じた。

　　「そうか，私は陳列棚に並べられたバッグでしかないのか」

　私はエレベーターに乗り，ボタンを押しながら自分に言い聞かせるように呟いた。
　女性がバッグを買う時，バッグそのものに自分の情報を開示する必要はない。欲しいバッグを見つけたら，店員に希望を伝えるだろう。気に入らないバッグしかないなら，店員に「こんなバッグはないか」と尋ねるだろう。棚に欲しいバッグがなかったら，綺麗な展示やアピールの書かれたポップを見ることもなく，店員のセールストークも適当にあしらって店を出るだろう。店員も，商品を売るためにブランド名を変えるような虚偽表示はできないだろう。そして私は，「自分を装うのにふさわしいバッグだ」と私を見初める女性会員に偶然出会い，運良く手に取ってもらえるまで，陳列棚に並び続けることしかできないのだ。

　　「もう，いいや」

　新宿支社が入居しているビルを出て，新宿駅に向かう私の足取りは軽かった。半年前に，支社長にかけられた数字の魔法が綺麗に解けたのを感じていた。不思議なことに，すれ違う女性すべてが，1年数ヶ月前に私に20万円超えのハンドバッグを買わせようとした，幼稚園教諭に見えた。要は，そういうことだ。

この苦しみから解放される方法は，最初から1つしかなかったのだ。私は，婚活パーティーの頃から，そこに気づかないふりをしていたのだ。

　駅の改札をくぐる前に，私は携帯を手に取り解約の申込みをした。翌日，担当者が慌てて私に電話をかけてきた。

「次のお引き合せの準備をしていたところなので，もう少し頑張りませんか？」

「私が女性に選ばれることはないという確信を持てました。もう十分です。」

　担当者にそう告げ電話を切った後，私は妙に晴れ晴れとした気持ちになっていた。

4　商品化される私，ショッピングを楽しむ女性会員

①ラッピングによる商品化

　婚活市場は，婚活総合サービス企業が提供する婚活パーティーを含んだ各種サービスを，恋人や配偶者を求める男女が利用することで形成されている。しかし，婚活市場において利用者は，単なるサービスの受益者ではない。むしろ私の半年あまりの経験は，婚活総合サービス業によってラッピングされ，婚活市場に陳列される商品へと変えられていくプロセスだった。

　まず結婚力診断から独身証明書，学歴証明書，収入証明書を提出し，会員情報の登録を経て，私は生年月日，出身地，家族構成，学歴，職歴，収入といったデータへと変換される。婚活総合サービス企業が結婚力診断や登録情報の作成に注力するのは，年収や職種，趣味や価値観のマッチングが顧客間の結婚に向けた交渉を容易にするという前提認識に基づいている。同時にデータ化されることで各会員の価値が可視化され，データベースが構築されることで，会員も婚活総合サービス企業の担当者も，価値を基準とした比較とマッチングが可

能になる。

　次に，写真・プロフィール作成やファッション講座やコミュニケーション講座を通じて，私は見栄えの良い商品としてラッピングされていく。婚活のためのファッション講座やコミュニケーション講座も，商品としての見栄えを良くしていくことで，マッチングに至るまでの障害を取り除くこと目的としたものであると考えられる。同時に私を含めた婚活総合サービスの登録会員にとっては，婚活市場において商品として形成される自分自身を掛け金にして，より良い配偶者を探索していく婚活のプレイヤーとしての自己を獲得していくことになる。

　この，データへの変換とデータベースへの登録，ラッピングの工程を経て，私は婚活市場に並ぶ商品として，自身を売り込んでいく営業活動として婚活が可能になる。同時に商品化した私—登録会員—は，婚活総合サービス企業にとって収益源であり，経営資源である。婚活を試みる男女をデータに変換しデータベースに登録し，情報探索コストを低下させる。ラッピングを行うことで，個々の会員の持つ弱点を可能な限り最小化する。更に，会員同士の引き合わせ（お見合い）によって会員自身の検索では出会えないような異性を紹介しつつ，それぞれの担当者が男女間の交際に介入していくことで，成婚に向けて後押しする。出会いと交際を個人の自由意思に任せている婚活パーティーと比較して，婚活総合サービス企業を利用すれば，より多くのサポートを受けられることは間違いない。オープンに参加できる婚活パーティーより，婚活総合サービス企業を利用するほうがマッチング率や成婚率が高くなるのは，入会金や月会費を支払い会員登録しているからというよりは，公的書類による裏付けのあるデータ変換とデータベース化，弱点を隠すラッピング，思わぬ出会いを提供する引き合わせ，交際を後押しする担当者の介入やカウンセリングといった，婚活総合サービス企業の持つ機能によってもたらされると考えられる。

②ショッピングのように婚活に臨む婚活女性

　とはいえ，婚活総合サービス業に会員登録し，そのサービスを利用すること

で，確実に成婚率が向上するとは限らない。むしろ女性は婚活総合サービス企業が持つ機能を利用して新たな婚活戦略を生み出し，男性会員は婚活パーティーを利用するより更に戦略の幅が狭まっていく。

それが，私がWebマッチングサービスや引き合わせで経験した，シャットダウンや自己開示の拒否，既読スルーである。学校や職場での出会いを通じた通常の恋愛結婚では，長期的に形成された人間関係のしがらみにとらわれてしまい，一度成立した恋人関係を容易に変更することは難しい。しかし，男性会員が商品として陳列棚に並んでいる婚活市場においては，さながらウィンドウショッピングを楽しむように男性会員を比較し，時には手に取り試着するようにマッチング後に面会していくことが可能になる。シャットダウンや自己開示の拒否，既読スルーを駆使することで，「自分が納得して結婚相手として手に取れる」相手が現れるまで，男性会員を徹底的に商品として扱っていく。その際，結婚相手に求める条件以上のマッチングが成立しない限り，彼女たちが通常求める共感を相手に期待するようなコミュニケーションは行われることは少ない。

一見不可解なこの戦略には，おそらく３つの意味がある。第１に，男性会員を１人の人間ではなくデータ化された商品として扱うことで，人間関係のしがらみや情が湧いたりすることによって自分自身の判断基準がぶれたりすることなく，男性会員を比較考量し配偶者として適切か否かを冷静に探っていくことが可能になる。第２に，シャットダウンや自己開示の拒否，既読スルーを駆使することで，眼中にない男性から無理に迫られたり，しつこく連絡をされる危険性を最小限に抑えることができる。第３に，出会いの場での自己開示を最小限に抑えることで，男性会員が女性を比較考量する情報を与えることなく，女性会員は男性会員を選ぶ決定権を握り続けることが可能になる。

この女性会員による戦略の行使に対して，男性会員側の対抗手段はほぼない。女性会員にこのような戦略を行使されたとき，男性会員は「自分を好きになってくれる女性との出会い」（山田，2010，23-24頁）を期待して自分磨きを続け出会いの数を増やしていくか，筆者自身の決断のように自身の無価値を確認し，

婚活市場から撤退を選択するのかの二択しか選択肢は残されていない。ここにあるのは，山田・白河（2008）が期待したような，お互いの条件や価値観を摺り合わせ認め合う活動としての婚活ではなく，女性が妥協なく男性を商品として比較し，選び出す活動としての婚活である。

　婚活総合サービス企業も，この女性会員の戦略に合わせて，女性会員による男性会員の選択を支援するサービスを展開していく。男性会員に対しては，「頑張ってください」と言いつつ，陳列棚に並び続ける＝月会費を払い続けるか，追加料金を支払ってオプションサービスを利用することを勧めるのである。

第 5 章

あなたのための，婚活戦略

　2年半あまりに及んだ私の婚活は，貴重な体験，面白い体験も多かったが，結果としては大失敗と言ってよいものだった。なぜ，こんなことになってしまったのか。その理由はごくシンプルだ。婚活市場において，私は価値のない商品でしかなかったからである。

　そもそも年を取り過ぎている。高収入男性にはカテゴライズされるが，年齢的に私と同程度の年収の独身男性は私以外に存在する。私は同年代の高収入男性と比較して，突出した容姿を持っていない。むしろ容姿はマイナスの評価であってしかるべきだろう。婚活市場において女性側から見た私の価値は，せいぜい高額の食事やブランド品を奢らせる財布役か，同僚の若いイケメンの先生との出会いをつなぐハブ役といった程度でしかない。

　もちろん，第3章の婚活パーティー，第4章の婚活総合サービス企業の利用に関する事例は，あくまで私の経験をもとにした主観的な記述でしかない。私自身が事故物件であるから，女性に袖にされ続けただけだろうと言われたら，そのことは事実として全く否定しない。

　しかし，婚活総合サービス企業がサービスを提供し，結婚を目指す男女が参加することで形成される婚活市場は，異性を選ぶ／選ばれるというある種の力学が存在している。それこそ，就活市場において採用する権利は企業側にしかないのと同じように，婚活市場は自立した個人が対等に取引や交渉を行う平等な市場ではない。それが，2年半あまり婚活の現場にプレイヤーとして身を投じ，婚活女性や婚活総合サービス企業の担当者との対話を重ね，婚活市場の力学を生身で経験したことから得た一つの結論である。これから婚活を上手く進めるためには，男女問わず，この婚活市場の力学を頭に入れておく必要があるだろう。

1　婚活市場の力学
——人生を取り戻す婚活女性，商品化される婚活男性

　山田・白河（2008）が提唱しているように，婚活はさながら就職活動のよう

に，結婚を前提とした交際相手を探索する活動である。実際のところ，婚活という行為そのものは，友人や職場の関係をベースとした合コンなど，婚活総合サービス企業を利用することなく実行することが可能である。しかし，友人や職場の人間関係をベースとした婚活は，出会える異性の量も質も自ずと限定されてしまう。満足のいく転職活動は弱いネットワーク（弱紐帯）から得られる，と指摘するGranovetter（1973）の「弱紐帯の強み」（The strength of weak ties）議論を踏まえれば，婚活も弱いネットワークの広がりをどこまで利用できるかが，婚活の満足度を左右すると考えられる。すべての婚活男女に，この弱いネットワークの広がりをもたらしてくれるのが，婚活総合サービス企業を通じた婚活市場への参加であるだろう。

　ここで注意せねばならないことは，婚活市場へのアクセスは婚活総合サービス企業の利用を通じて行われていることである。婚活パーティーであっても，Webマッチングやお見合いサービスであっても，婚活総合サービス企業は人々を年齢，職業，年収，趣味，容姿などの評価軸で属性ごとに非人格化されたデータへと変換し，データの検索と比較可能な状態に整えていくことでサービスを提供している。この非人格化されたデータへの変換の工程は，もともとは相手に求める条件に一致しなければ，人は結婚を前提とした交際相手として異性を見ることはなく，ましてや結婚への合意には至らないという，婚活総合サービス企業の認識前提に基づいていると考えられる。年齢，職業，年収，趣味，容姿などの評価軸で人々を非人格化されたデータに変換し，容易に検索と比較が可能なデータベース化していくことで，まず理想的な結婚相手を探索するコストを下げ，出会いの数と質の双方を上げていく。条件が確認済みであれば，あとは当事者間で性格や価値観が一致し，愛情が芽生えるかどうかの確認に集中できる。婚活総合サービス企業の狙いは，ここにあったと考えられる[1]。

1　実際，価値観の一致が結婚には重要である，という結婚相談所の説明があった。

①商品化がもたらす婚活市場での男女格差

　しかし，人々を非人格化されたデータに変換することは，異性を配偶者や恋人として選ぶ／選ぶことができないという格差を，婚活市場の力学として生み出すことにもなった。

　非人格化されたデータに変換されることで，参加者の婚活市場における価値が比較可能な形で可視化されてしまう。例えば，男性にとっての年収の高低と職業の安定度，女性にとっての年齢は，婚活市場における価値に直結することになる。更に，年収や職業，年齢で条件を揃えて比較可能になることで，イケメン／美女といった主観に依存するような評価軸や，趣味の厳密な一致が高付加価値の源泉と化していく。

　この婚活総合サービス企業による婚活市場内での価値の可視化は，多数の参加者の中からより高い価値や高付加価値を有する異性を選択しようとする傾向を生み出す。例えば，ハイスペック男性が集まる婚活パーティーにおいて生じた，イケメン広告代理店男性の前の行列と他の参加男性がコミュニケーションの機会すら与えてもらえない現象はその典型であるだろう。婚活総合サービス企業のWebマッチングサービスにおいても，若くて容姿が整った女性には1日数十件から数百件のマッチング申込みが届く。つまり，データ化によって婚活市場内での価値が可視化され，収入や職業を条件として検索することで，条件の合う異性と出会うことが可能になるだけではなく，高い価値を有する人を揃える形で比較可能になる。更にはその中から容姿や年齢などで高付加価値を有する人を容易に見つけられるようになる。こうして高価値・高付加価値の人々に交際の申込みが集中し，多数の異性を比較考量し交際相手を決める主導権を獲得できる「選べる」人となる。その一方で，ひたすら交際の申込みをしつつ「選ばれる」のを待つしかない人が登場することになる。

　より具体的に考えてみよう。婚活パーティーでもWebマッチングサービスでも，年齢の若い女性に男性の申込みが殺到し，女性はその男性の中から最も条件の良い人を選べる状況になる。この年齢の若さは，例えば20代前半といった絶対的な年齢の若さとは限らない。婚活パーティーは，おおむね男女ともに

5歳前後の年齢の幅を持たせる形で参加条件が設定されている。25歳の女性は，20〜25歳が参加条件のパーティーであれば価値が低下してしまうが，25〜30歳が参加条件のパーティーであれば最も価値が高くなる。同じ年齢であれば，男性からの人気がある看護師や幼稚園教諭などの職種が女性にとって比較優位になる。逆に，看護師や幼稚園教諭の女性を集めた婚活パーティーに参加した場合は，女性の若さと容姿がダイレクトに価値となる。

　このように，女性は婚活総合サービス企業の提供するサービスのうち，自分が最も有利な場を選択していくことで，常に自分が「選ぶ」立場を確保し続ける婚活戦略が可能になる。もちろん，私も「10歳以上の年の差婚」の出会いを企画した婚活パーティーにおいて，自分が一番若い男性参加者となったことで，過去最大の「いいね！」からマッチングに成功している。婚活にいそしんでいるときに私はこのことに必ずしも自覚的ではなかったが，男性も女性と同様に，婚活パーティーの参加条件を理解した上で相対的に優位性を得られる場を選択し，「選ぶ」立場になれる可能性が一応は開かれている。

②戦略的目標の差が生み出す，男女における婚活戦略の違い

　しかし，山田・白河（2008）が『「婚活」時代』において既に，女性に必要なことは自分磨きではなく，狩場に出て男性を狩る逆狩猟が基本戦略であると指摘しているように，婚活市場では，女性が「選び」男性が「選ばれる」という関係が固定化される力学が働いていることに，注目しておかねばならないだろう。

　なぜ婚活市場では，選ぶ／選ばれるという関係が，男女で固定化されているのだろうか。この答えを求めるために，(A)結婚から得られる効用の男女間の格差，(B)配偶者に求める男女間の条件の精緻さの違い，(C)結婚総合サービス企業が提供するサービスの利用方法の男女の違い，に注目していこう。

　まず，男性にとって結婚はリスクを負う通過儀礼である。米国では結婚カウンセラーへの支払い記録があると，クレジットカードが止められるというジョークがあるとされる（eg., 松嶋，2020）。結婚適齢期を迎えても独身の上，

営利事業者を頼らなければ結婚できない男性は信用できない，という社会的通念がそこに見え隠れする。これは，日本も例外ではない。さすがにクレジットスコアリングにまで影響することはないものの，結婚適齢期にある未婚男性は，社会的に信頼できない存在として認知されてしまう。すなわち，日本の男性にとって結婚することは，一人前の男として認めてもらうために義務として経験せねばならない通過儀礼なのである。

　しかも，結婚したからといって，男性に幸せな生活が保障されるわけではない。配偶者が専業主婦であることを望めば，彼女を扶養する義務が生じる。子供ができれば，養育費も教育費もかかる。自由な時間も可処分所得も減る可能性のほうが高い。更には，離婚の可能性，子供が不良化する可能性，実の両親だけでなく義理の両親まで介護する可能性まで結婚によって生じる。男性にとって結婚とは，実のところリスクの負担のほうが大きい。そのリスク負担の大きさ故に，結婚しているだけでそのリスクを背負えるだけの人間として，信頼度が高く評価されているのだろう。

　それに対して，女性にとって結婚は，人生を取り戻すことを意味する。関口（2010）が指摘するように，女性の結婚の戦略的目標は，不安定かつ低賃金の雇用環境から主婦として脱却するための生存婚，高収入の男性と結婚し専業主婦になることを目指す依存婚，キャリアや趣味の充実を可能とするパートナーを求める保存婚に分類される。もちろん，女性にとって結婚とは，職業人としてのキャリアを困難にするというリスクがある。しかし，仮に職業人としてのキャリアに見切りをつけている女性であれば，結婚は自分の人生を取り戻す人生最大のチャンスになる。職業人としてのキャリアを一切諦めない場合でも，家事負担を共有でき，子供を持たないことを合意できる男性を結婚相手として見つければ，保存婚という形で職業人としてのキャリアを維持したまま結婚を社会的ステータスとして得ることも可能だ。

　このように，結婚から得られる効用には男女間で大きな差がある。男性にとっては一人前と認められるために，結婚という通過儀礼を経ることが目的になり，その後はリスクを背負って生きていかねばならない。それに対して女性

は，結婚はよって多少職業人としてのキャリアが停滞する可能性こそあるが，あらゆる可能性を追求できる生まれ変わりの機会である。結婚から得られる効用が大きく異なるからこそ，男性と女性の間で配偶者に求める条件の精密さに大きな差が生まれることになる。それ故に，女性は結婚後に目指す生活水準やスタイルを戦略的目標として設定しており，その戦略的目標の達成に必要な男性の年収や職業等が配偶者に求める条件としてある程度明確に設定できる。それに対して男性には，若い女性を好むという傾向があるのみで（eg., 小林・能智，2016），女性の生存婚・依存婚・保存婚ほど明確な戦略的目標がない。男性が年齢以外で女性に求める条件で言語化されているのは，「異性と肩を並べて優しく草を食べることを願う」（森岡，2008，207頁）という草食系男子の求める理想の女性像にとどまる。ここでは穏やかで価値観が一致する女性，という漠然としたイメージがあるのみで，女性ほどシビアに配偶者の年齢や年収，職業を求めるまなざしは存在しない。結婚というリスクを背負いたくないが，通過儀礼ならばせめて若くて美人と結婚したい，それが無理ならせめて穏やかな生活が可能になる優しい女性と一緒になりたい。それが男性の本音なのであろう。

　以上のような背景のもとで，婚活総合サービス企業を通じて男女が婚活市場に投げ込まれたらどうなるか。

③人生を取り戻すショッピングとしての女性の婚活

　結婚から得られる効用について複数の戦略的オプションがあり，その戦略的オプションごとに配偶者に求める条件がある女性にとっては，非人格的なデータと化し，条件ごとで揃えられた男性の中から，自分の条件に合う男性を検索し，比較可能になっている婚活市場は理想的な環境であるといえる。年齢・年収・職業で男性をカテゴライズした婚活パーティーでは，その中で一番付加価値の高い男性をターゲットにすればよい。婚活総合サービス企業に登録しWebマッチングサービスを利用すれば，自分が求める条件を設定して男性を検索し，同条件で最も高い付加価値を有する男性を，自分の持つ人脈よりはるかに広大なデータベースから選べ，更にはあらゆる条件設定で繰り返し検索で

きる。お見合い方式の婚活パーティーであれば1人あたり20分，婚活総合サービス企業での引き合わせなら1時間程度，Webマッチングサービスであればカタログショッピング感覚の数十分で，目の前に現れる男性を配偶者や恋人として「いる／いらない」を，女性は判断できることになる。

女性の生存婚・依存婚・保存婚という戦略的目標を指摘した関口（2010）は，「婚活に必要とされる意識は，恋愛と結婚を分離し，結婚を自分の理想をかなえてくれるためのものと見なす意識と同じものになる。〈中略〉つまり，ロマンティックラブイデオロギーが完全に払拭されていないと，婚活を積極的にしようとした場合，結婚を目的的にできるか，できないかが踏み絵になる」（137頁）と指摘する。女性は婚活市場において，結婚で生まれ変わり，人生を取り戻すための性能を有している男性であるか否かを冷静に見極めているのである。

それに対して男性は，年齢や容姿を除いて，結婚相手に求める条件がそもそも不明瞭だ。リスクを負担する人生がこの先に待っているのであれば，「異性と肩を並べて優しく草を食べることを願う」（森岡，2008，207頁）ように，せめて心優しい女性であるかどうか，が判断基準になってしまう。だとすれば，婚活総合サービス企業が提供するサービスを，女性ほど上手く使えない。非人格化されたデータからわかるのは，年齢と職業だけだ。看護師や幼稚園教諭に人気が集まってしまうのは，そのような女性は面倒見が良く優しそうだ（実際はそうとは限らないが）という思い込みがあるからだ。婚活市場において男性は，その条件設定の曖昧さが故に，異性とある程度の関係を構築し，コミュニケーションを交わすことが必要となってしまう。

しかし婚活女性にとっては，十分な価値を有していない男性とコミュニケーションをとることそのものが無駄だ。だからこそ，女性は徹底して婚活総合サービス企業を利用してコミュニケーションの機会を絞っていくことが重要になる。男性との会話の時間が長くなり関係が深まるほどに，人柄や性格を深く知ってしまうほどに，人生を取り戻すための理想的な相手を探すための判断がぶれてしまう。そのためには，相手はデータ化された商品であるほど望ましい。コミュニケーションの時間も短く，彼女たちが必要な情報が手に入るレベルの

深さでかまわない。そもそも，結婚相手の条件に入らない男性に，興味など持たれたくない。婚活総合サービス企業のサービスは自分の意志でマッチングするまで，相手に自分の個人情報を教える必要はない。紹介サービスを利用した場合は対面接触を避けられないが，自己開示を拒否した上で，連絡先交換をしてしまっても気に入らない相手はブロックしてしまえばよい。仮にマッチング後に結婚を前提とした交際がスタートし，つき合う中で相手に不満点が出てきた場合は，担当者を介して安全に断りを入れる＝クーリングオフが可能だ。

　このように，婚活総合サービス企業のサービスを上手く利用していくことで，婚活女性は婚活市場の力学を味方につけ，男性を選ぶという立場を獲得しているのである。

④商品として陳列棚に並び続けるしかない男性の婚活

　この婚活市場の持つ力学を味方につけた婚活女性の婚活戦略に対して，男性の基本戦略は女性に狩ってもらえるように自分磨きをすること，と山田・白河（2008）が指摘しているように，婚活男性は商品として婚活総合サービス企業が用意するショウウィンドウに並び続けることを強いられていく。婚活男性は商品でしかないため，婚活女性から「配偶者や彼氏として選ぶ価値がない」と判断されたその瞬間から，婚活パーティーにおいては「眼中にない」と無視され，Webマッチングサービスにおいては「即時シャットダウン」に見舞われ，紹介サービスでのコミュニケーションも女性側からの自己開示は避けられ，連絡先交換をしても「未読スルー」されてしまう。

　同じ女性であったとしても，職場や学校，友人関係の人脈で出会った場合，女性はここまで徹底して男性を商品として扱うことはしない。職場や学校，親族・友人関係という社会集団に所属している目の前にいる男性を，「人生を取り戻すための価値」を有さないからという基準で，完全に関係を切り離すようなことは難しい。職場や学校，家族や友人関係といった場において，共通の日常世界を生きる良き隣人として関係を維持していくことを選ぶ。むしろ，職場恋愛が禁止される場合があるように，恋愛感情は社会集団を壊す要因としてみ

なされるし，仮に恋愛関係がこじれた場合は，当事者間で問題を解決し，全体
への悪影響をもたらさないように注意することが暗黙のマナーとなっている。

　しかし，婚活市場は「配偶者を見つけること」を目的として構築された社会
空間である。もはや職場や学校，家族や友人関係から恋人や配偶者を得る機会
がない人々が，あるいは既存の関係から出会える異性以上の理想の異性を求め
る人々が，婚活総合サービス企業を利用して婚活市場に参加する。その場限り
の出会いを繰り返すことが可能な婚活市場では，もはや職場や学校における恋
愛のように，友人や親族内の人間関係を配慮して行動する必要性はなくなる。
人間関係の檻から開放された新たな出会いの場を婚活女性は上手く利用し，婚
活男性は適応できずにいるうちに商品化され，自身が配偶者や恋人を選んでい
く権利を手放してしまっているのだ。

2　男女それぞれの婚活戦略の可能性

　このように婚活市場では，婚活市場の力学を味方につけた女性が「選び」，
男性が「選ばれる」という関係が固定化されてしまっている。婚活を始めたそ
の瞬間から，私達は自身の持つ年齢・学歴・職業・年収・家族関係などの様々
な属性に基づいて非人格的なデータに変換され，検索可能なデータベース化さ
れ，男女の性別関係なくさらされていく。そして，非人格化されたデータを手
がかりに理想の配偶者・恋人を探索できる状況と，婚活総合サービス企業が提
供するサービスをうまく利用していくという，婚活戦略が生み出されることに
なる。現段階（2021年段階）において，婚活市場の力学を上手く利用し，婚活
戦略を意識的・無意識的に実行しているのは女性であるだろう。それに対して，
男性はあまりに素朴に婚活市場に参加してしまい，その結果，婚活戦略を生み
出せずにいる。

　この婚活市場の力学を踏まえた上で考えていかねばならないことは，自覚的
に婚活市場の力学を味方につけて，婚活戦略を生み出していくのかという点に
ある。

①比較優位を得られる男性の条件

　山田（2016）は，「恋愛によって経済という壁を突破する」（96頁）ことを，男性に求めている。いわば，人生を取り戻すために，男性を商品化して比較考量しようとする婚活女性の冷静な配偶者・恋人選びに対して，男性は恋愛感情という意思決定エラーを引き起こすことを狙うのが，現段階で男性の取りうる婚活市場での婚活戦略として提示されているといえるだろう。それ故に，男性は「自分を磨き」「女性とコミュニケーションしていく」ことが推奨されているのである。

　しかしながら，婚活市場の力学を味方につけた女性の婚活戦略を踏まえたとき，恋愛感情に依存した男性の婚活戦略が，事実上は不可能であることに注意が必要である。繰り返すことになるが，私が経験したように，お見合い方式の婚活パーティーであれば1人あたり20分，婚活総合サービス企業での引き合わせなら1時間程度しか，女性と対面する時間は与えられない。その僅かな時間で「惚れさせる」ことができる能力を持っている男性は，そもそも婚活市場に参加する前に，職場や学校で配偶者や恋人を獲得することができる。Webマッチングサービスの自己紹介データだけで「惚れさせる」ことなど，相当に容姿が優れているか，少し話すだけで女性に「惚れられる」ような特殊なコミュニケーション能力を持っていない限りほぼ不可能だろう。

　更に恋愛感情に依存した男性の婚活戦略は，婚活女性にとっては生存婚・依存婚・保存婚といった本人の理想を叶える価値を有した男性以外と会話することそのものが時間の無駄でしかない，ということを見落としている。婚活市場における女性の価値は，年を経るごとに目減りしていく。彼女たちにとって，価値のない男性と話す時間は，自分の価値を浪費しているのに等しい。恋愛感情に依存する婚活戦略は，偶然，男性を感情のある人間として扱ってくれる優しい女性と出会うことに期待するという，不確実な戦略でしかない。

　だとすれば男性も，女性と同じように婚活市場の力学を味方につける婚活戦略を考えるべきだろう。配偶者・恋人を「選ぶ」立場を得るためには，異性を引きつける条件が当人に揃っていればよい。私が「高収入・安定職種の男性と

出会える年の差婚希望」の婚活パーティーで目にした，30代イケメン広告代理店勤務の男性の前に生じた行列が，その具体例だろう。男性の場合，収入や職業，年齢が比較可能な状態で揃えられたとき，突出した容姿の良さが付加価値として作用することになる。もちろん，男性の容姿の優劣が，女性それぞれの好みに依存した感覚的な評価であることは，私も否定しない。しかし，男性の年齢・収入・職種の評価が平均以上であることを前提条件として出会った状況では，容姿が武器となりうることには留意せねばならない。就活において学歴フィルターが事実上存在するのと同じように，婚活においての女性には年齢・年収・職業の多重のフィルターが存在する。そこをくぐり抜けてはじめて婚活市場に参加でき，参加したその場では，容姿が最も大きな比較優位になる。

②婚活するために，男性は婚活市場の外に出てみよう

それでは，私のように容姿に恵まれない男性はどうすればよい（よかった）のだろうか。一つは，同世代の男性と比較して突出した収入を得ている場合は，「選べる」立場に立つことができる可能性がある。ただし，婚活市場において高収入男性の基準が，おおむね年収600万円以上の20代，年収800万円以上の30代・40代，1,000万円以上の40代後半から50代として定義されてしまっていることに注意が必要だ。婚活女性にとって，この収入レベルの男性は，普通に出会える男性となっている。収入で他の男性に対する競争優位を得るためには，女性が専業主婦として今以上の生活水準が可能になると想像できる，各年代の平均年収の2倍が容姿の不利を克服するための最低ラインだと想定される。おそらくは，20代で1,000万円，30代では2,000万円，40代であれば5,000万円超えた場合，容姿の圧倒的な不利や趣味の完全なる不一致を乗り越える武器になるのではないだろうか。

ただし，競争相手を圧倒するような容姿や年収を有している男性が，婚活市場において絶対の競争優位を持てるとは限らない。あなた自身が，いつでもアクセス可能な巨大なデータベースに登録されているデータでしかない，ということを自覚する必要がある。このデータベースにアクセスできる限り，女性に

とって目の前の男性は常に2番目以下の候補者でしかない。同じ年収であれば，あなたより若く，より容姿に優れた男性が必ずいる。同じ年齢と容姿であれば，あなたより年収が上の男性が必ずいる。そして，婚活女性にはまだ見ぬ理想の結婚相手のイメージがあり，あなたは空想上の彼と比較され，理想以下の存在として位置づけられている可能性が高い。どのような努力を重ねたとしても，婚活総合サービス企業を利用し婚活市場を婚活の場として選んだ男性は，自分がショウウィンドウに並べられた商品であることを受け入れた上で，気長に自分磨きを続けていくしかないだろう。

　このように，婚活市場において婚活男性が実行できる婚活戦略は，事実上，優しい女性と出会う偶然に頼る以外にない。とはいえ，婚活＝婚活総合サービス企業を利用した婚活市場への参加を意味することではない，ということにも気づかねばならない。婚活市場における非人格化されたデータ化の持つ力学から可能な限り距離をとってしまえば，山田（2016）が期待する婚活市場において「恋愛によって経済の壁を突破する」婚活戦略が可能になると考えられる。

　例えば，職場や学校，友人や親族関係を，改めて出会いの機会として捉え直してみよう。中長期的な人間関係を基盤にした出会いであれば，年収や容姿の婚活フィルターを回避して，あなた自身の人格や価値観を評価してくれる可能性が生まれる。自分が所属する社会集団の人間関係を崩さないことに細心の注意が必要となるが，少なくとも「即時シャットダウン」や「未読スルー」を突きつけられる可能性が低くなり，挽回する機会が担保されている。しかし，女性はいつでも婚活市場に戻れることを受け入れなければならない。私がクリスマス前に経験した別れのように，彼女たちは「もっと上」を目指して婚活を継続することが可能なのだから。

③女性が婚活市場に参加する利点と罠

　婚活という概念は，その誕生の経緯はどうあれ，今では女性のために存在するものになっている。婚活によって，女性は良き配偶者を見つけるために自由に恋愛することが肯定され，自分の人生を取り戻すという視点から男性を評価

し，結婚相手とする男性を選別していく権利を獲得していった。その意味で，婚活総合サービス企業によって構築される婚活市場は，女性の願望をすべて肯定し，可能にするための場所である。ただし，婚活に挑む女性も，婚活市場の持つ力学を理解した上で，慎重に婚活戦略を実行していく必要があるだろう。

　まず，婚活市場において年齢の若さは絶対的な武器になる。婚活市場は，職場や学校とは比較にならないほど多くの男性と出会う機会を提供してくれる。しかもそれは，人間関係のしがらみに縛られることなく，自分の理想の結婚生活を実現してくれる男性と安全に出会い，吟味していくことが可能な出会いの場である。当然，婚活市場に参加する年齢が若ければ若いほど，より条件の良い男性に出会える機会も時間的猶予も大きくなる。

　次に，結婚適齢期を過ぎてしまった，あるいは容姿に自信がない，そういう女性こそ，婚活総合サービス企業が提供するサービスを利用し，婚活市場に参加することの利点は大きい。婚活パーティーは年齢ごとにカテゴリ分けされているので，自分の年齢がカテゴリ内の中央以下になる場を選んでいけば，自分の年齢は相対的に若いと判断される。年の差婚を許容してしまえば，年齢の不利も見えづらくなる。どうしても同年代の男性と結婚したい場合は，婚活総合サービス企業の担当者に，具体的な年齢を指定して紹介サービスを利用していくのがよいだろう。「私の容姿や年齢では選んでもらえないかもしれない」と自己評価を下げ，及び腰になる必要は全くない。私の婚活経験を読み直してほしい。婚活市場では，一部の突出した価値を有する男性以外，多くの男性は女性から頻繁に無視されている状況にある。だからこそ，ちゃんとコミュニケーションをとってくれる女性は，容姿の好みから外れていても，趣味や価値観が一致していなくても，運命の相手として大事にしようと感じてしまう。婚活市場において男性は商品として手酷く扱われているからこそ，女性は少しのコミュニケーションで年齢や容姿の不利はカバーできてしまう。

　ただし，婚活総合サービス企業を利用していくことで，陥りがちな罠があることにも，婚活女性は自覚する必要があるだろう。あらゆる属性の男性がデータベース化され，自由にアクセスできる婚活市場に身を置くと，男性を選ぶ立

場にいる女性は，まだ見ぬ理想の結婚相手を求めてひたすら比較考量を続けてしまう「もっといい人がいるかもしれないシンドローム」に陥りがちになる。いい人がいるかもしれないと先送りを続けていくうちに，婚活市場において価値が急激に下がる45歳のタイミリミットが迫ってきてしまう危険性がある。

④相対優位に注目した婚活戦略のススメ

　この罠を避けるために，ベストの1人を選ぶのではなく，相対優位（ベター）の1人を配偶者・恋人として選ぶために，婚活総合サービスが提供するデータベースを利用していく婚活戦略がありうるだろう。

　例えば，高収入・安定職種の男性に絞ってデータベースを検索してみよう。その中で一番容姿が優れた男性が見つかるだろう。だからといって，その男性以外，まったく結婚相手として価値がないわけではない。2番目，3番目以下の男性まで視野を広げて，容姿の面で許容できる男性を足切りラインに設定してみよう。そうすれば，競争相手が一番容姿の優れた男性の前で行列待ちをしている間に，あなたはその男性すべてとコミュニケーションをとれる機会を得られる。その上で，その男性達をターゲットにして，自分が結婚後に求めるライフスタイルをもとに，その男性たちをプロットして比較考量していく。そうすれば，マッチング後に各男性に求める情報も明確になる。その比較考量の先に選んだ男性と対面し，結婚相手不適格であった場合は，改めて年齢や収入条件を変えつつ検索をやり直していく。婚活市場において，女性には45歳というリミットが事実上設定されていることを考えれば，まだ見ぬベストの男性を求めるのではなく，アクセス可能な男性の相対優位に注目し，自身の求める理想の結婚像から最適の男性を選んでいくというのが，もっとも現実的な方法であると考えられる。

　最後に，実際に交際相手がいる女性に確実に言えることは，「今の彼氏は結婚相手として不正解の可能性が高く」「婚活市場には今の彼氏より相対優位を持つ男性が必ず存在する」ということである。これまで築き上げた愛情や人間関係を破棄しても，それ以上のメリットを得られる可能性が開かれているのが

婚活市場である。結婚によって生まれ変わり，自分の人生を取り戻すことが可能なのが女性の権利だ。だからこそ，婚活で出会った1人の男性を見るたびに「良い相手がいない」と言う前に，相対優位という視点から婚活総合サービス企業の提供する一連のサービスを利用していただきたい。

3　婚活総合サービス業への若干の提案

本書は婚活という社会的な現象を対象としているとはいえ，筆者が専門としているのは経営学である。最後に，2年半あまり婚活総合サービスを利用してきた当事者としての経験をもとに，筆者が見出した婚活市場の力学に根ざした婚活総合サービス業の今後のあり方について，ささやかながら2つの提案を行っていきたい。

①説教では婚活女性のリアリティは変えられない

婚活総合サービスが，年齢，学歴・職歴，年収，趣味，価値観といった指標で会員をカテゴライズしているのは，年齢や学歴・職歴・年収が事前に明らかになっており，配偶者として求める条件を満たす異性の中から趣味や価値観が一致する人を探し出せれば，後は当事者間で恋愛感情を育んでいくことに集中していくことで，成婚率が向上するという前提認識に基づいている。これは，恋愛によって結婚が正統化されるというバブル期以後のロマンティック・マリッジ・イデオロギーに根ざしたサービスの設計であったといえる。しかしながら，婚活が配偶者探索の方法として当然視されている現在，婚活女性が婚活総合サービス業の提供するサービスを，ロマンティック・ラブ・イデオロギーを想定せずに利用をしていることに改めて向き合う時期に来ていると考えている。

関口（2010）が看破しているように，婚活は提唱者である山田・白河（2008）の意図を超えて，女性が安定して高収入を稼ぐ男性を捕まえる活動として定着してしまっている。私自身が2年半あまりの婚活を通じて経験したように，女

性は男性を自分の人生を取り戻すための商品として扱い，少しでも有利な結婚生活を送れる商品を求めて婚活戦略を実践していく。このような女性の婚活戦略に対して，近年の婚活総合サービス業は「年齢や容姿を考慮しない高望み」と注意を促し，「自分と釣り合いの取れる男性を選びなさい」と提案している。例えば2020年12月初旬，「星野源"で"十分」とする婚活女性の希望に対する論争がWeb上で巻き起こった[2]。論争の発火点は，TV番組において恋愛コンサルタント・鈴木リュウが，婚活女性が今求めているのは，かつての高い理想ではなく普通の男性であるとし，その普通の男性とは「身長165cm以上で体重は60〜80kg。都内では500万円以上稼ぐことができる仕事，地方であれば銀行など大手企業や公務員を職業としている男性」であると紹介したことであった。しかし，都内の25〜35歳の独身男性のうち，年収500万円以上の男性は上位22％程度に含まれ，全く普通の男性ではない[3]。更に，日本結婚相談所連盟に登録する結婚カウンセラーは，年収500万円以上をクリアできるだけで男性はハイスペックと言っておかしくないと指摘した上で，星野源というタレントに女性が見出す「清潔感のあるそこそこの見た目」「年齢差3歳以内」「そこそこのコミュ力」という条件が重ねられていくと，その条件を満たせる男性はもはや超ハイスペックにあたり[4]，婚活女性には現実と大きく乖離した普通の男性像を見直していく必要性を指摘する[5]。

　婚活総合サービス業に従事する現場の担当者や，カウンセラー，コンサルタントたちが一斉に声をあげた，婚活女性の求める普通の男性像に対する批判は，男性の平均年収の現実を踏まえた上で，1つでも多くの幸せな成婚を実現させたいという善意に基づいている。同時に，その善意は，結婚によって生まれ変

2　「「星野源で十分」婚活女性が求める"普通の男性像"に論争勃発」(https://news.livedoor.com/article/detail/19361650/) 2021年1月6日確認。

3　「「年収500万円の星野源似」を"普通の男"と考える婚活女性の悩ましさ：婚活の現場に「普通の人」はいない」(https://president.jp/articles/-/41569?page=1) 2021年1月6日確認。

4　「「星野源が普通の男性」問題から学ぶこと」(https://www.ibjapan.com/area/mie/55020/blog/45518/) 2021年1月6日確認。

5　婚活男性に対しては，女性の考える普通の男性に少しでも近づくことを求めている。

わり自分の人生を取り戻したいという婚活女性の希望を諦めろと言っているのに等しい。

　本書第2章でも指摘しているように，男女雇用機会均等法以後，女性は男性と同水準の収入を得られるようになった。仮に年収400万円を稼ぐ婚活女性が，結婚後に専業主婦として同程度の生活水準を求めるのであれば，最低でも結婚相手には年収800万円が必要であると考える。だとすれば，年収500万円というのは，婚活女性からすると相当に妥協した普通なのだ。むしろ，女性も男性と同じように稼ぐことができる今の社会では，男性が相当なハイスペックであるとしても，結婚して生まれ変わることができないのであれば，むしろ独身のまま今の生活を維持したほうがよい，と判断するだろう。男性に平均年収の現実があるとすれば，同様に女性にとっても結婚から得られる利潤という現実がある。彼女たちの婚活戦略は，その現実に基づいて繰り出される。善意に基づくアドバイスであっても，生まれ変わりの希望を諦めさせるのは難しいと考えたほうがよいと考えられる。

②陳列棚の再設計

　このことを踏まえれば，婚活総合サービス業が，より婚活女性の現実に寄り添うサービスを展開していくほうが，成婚数を1つでも増やしていくという観点では合理的ではないだろうか。本書でも繰り返し指摘しているように，婚活市場において婚活男性は陳列棚にならぶ商品であり，婚活女性は自分の人生を彩る商品を求めて婚活戦略を駆使している。

　婚活女性の視点から婚活総合サービス業が管理する陳列棚を見直したとき，問題は明確だろう。結婚する価値のある男性と，価値のない男性があまりに乱雑に陳列されてしまっている。特に，女性も入会金と月会費を支払い，結婚への本気度が高い結婚相談サービスの場合は，入会時に年収・職業・容姿で男性会員をランク分けして，ランクごとに検索できるシステムにすべきだろう。容姿は個々人の好みによって評価が異なるので，ランク分けが難しいかもしれない。しかし，入会申請の際に，男性会員の写真をもとに女性会員による投票で

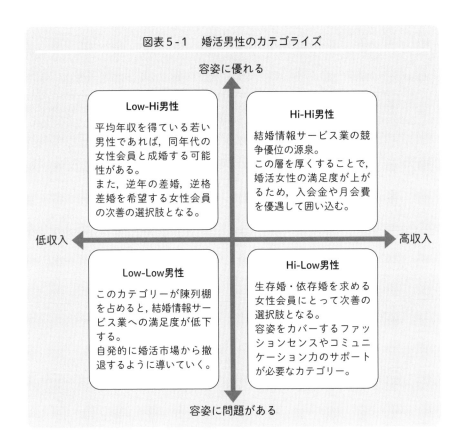

図表5-1　婚活男性のカテゴライズ

容姿に優れる

Low-Hi男性

平均年収を得ている若い男性であれば，同年代の女性会員と成婚する可能性がある。
また，逆年の差婚，逆格差婚を希望する女性会員の次善の選択肢となる。

Hi-Hi男性

結婚情報サービス業の競争優位の源泉。
この層を厚くすることで，婚活女性の満足度が上がるため，入会金や月会費を優遇して囲い込む。

低収入　　　　　　　　　　　　　　　　　　　　　　高収入

Low-Low男性

このカテゴリーが陳列棚を占めると，結婚情報サービス業への満足度が低下する。
自発的に婚活市場から撤退するように導いていく。

Hi-Low男性

生存婚・依存婚を求める女性会員にとって次善の選択肢となる。
容姿をカバーするファッションセンスやコミュニケーション力のサポートが必要なカテゴリー。

容姿に問題がある

容姿の格付けをする，という手段も考えられる[6]。

　このランク付けによって，婚活総合サービス業は男性会員を図表5-1のようにカテゴライズし，1人でも多くの成婚を目指したサポートを展開していくことが，第1の提案である。

　まず年収も高く容姿も優れたHi-Hi男性は，会社の魅力度と女性会員の満足

6　実際，マッチングアプリの中には，男性は，一定以上の年収条件を満たした上で，女性会員からの一定以上の支持を投票で得なければサービスを利用できないとするものもあり，不可能ではないと考えられる。

度を上げる経営資源となる。同時に，Hi-Hi男性は早く成婚退会する可能性が
高いので，月会費や入会金を安くするなどの方法で，すぐに仕入れられる体制
を作る必要がある。他方で収入が高く容姿に問題のあるHi-Low男性は，生存
婚や依存婚を求める婚活女性にとって次善の選択肢になるだけでなく，ファッ
ションなど見た目を磨くサポートを行うと，成婚の可能性がより高まるだろう。

　それに対して，低収入であるが容姿に優れたLow-Hi男性は，統計上の平均
年収を得ており年齢が若ければ，同世代の女性との成婚につながる可能性があ
る。また，男性の年収を気にしない逆格差婚や逆年の差婚を目指す婚活女性に
とっては，Hi-Hi男性に次ぐ選択肢になりうるだろう。

　最後に，年収も容姿も優れないLow-Low男性が陳列棚の中で目立つほど並
んでいると，婚活女性の満足度が下がる可能性が高い。残酷ではあるが，傾斜
的な月会費で相対的に不利な条件を準備することで，自発的に会員登録を諦め
る方向に導くのが合理的であるだろう。

③婚活女性を選ばれる側にするための仕掛け作り

　このようなランク分けは，男性会員にとってより過酷で，よりストレスの高
い環境になるかもしれない。しかし，現状でも婚活男性は非人格化された商品
として，冷徹な女性の婚活戦略にさらされていることを忘れてはならない。一
見残酷な男性のランク分けは，女性が男性を比較考量する手間を婚活総合サー
ビス業がより多く担うことで，男性が良い商品であることを保証し，より人間
としての魅力に目を向け交際につなげていくために必要なサービスであると考
えられる。

　婚活女性の現実に寄り添う，という視点でもう一つ考慮せねばならないのが，
婚活総合サービスでは，男女ともにマッチング申込みを行う仕組みになってい
る点である。容姿に優れた若い女性は，多くの男性会員から1日数十件のマッ
チング申込みが届くとされる。婚活女性にとっては，関心もない男性からマッ
チングの申込みがあること自体がストレスであり，面会の場面で自己開示を徹
底的に避けるという対応を生み出してしまう。多くの男性からマッチングの申

込みが届くという状況そのものが，婚活男性を商品として選ぶという婚活女性の婚活戦略につながっているのだ。

　だとすれば，マッチングの申込みは女性のみの権利することが，第2の提案である。婚活男性にとってマッチングの申込みができないことは，好みの女性にアプローチできないという点ではデメリットであるのは確かだろう。しかし，女性会員が自分の客観的な情報をすべて了承した上で，望んでマッチングを申し込む状況であれば，商品として扱われる可能性は低くなる。2年半あまりの期間，婚活を経験してきた筆者としては，マッチングでも面会の場面でも理不尽に扱われ，何が悪いのかすらわからない状況で悩むよりは，自身の価値を突きつけられた上で，それでも会ってみたいと言ってくれる婚活女性と会う状況に置かれるほうが，低いストレスで婚活に取り組むことができると考える。更にマッチングの申込みの権利を女性に限定することで，少なくとも何割かの男性は多数の女性会員からマッチングを申し込まれ，選ぶ立場を得ることができるだろう。そして，女性側も選ばれるという立場に置かれ，その中で選ばれない経験を繰り返していくうちに，Low-Hi男性やHi-Low男性へとターゲットを自発的に変えていくことが期待できる。

　この2つの提案は，婚活市場の持つ力学を前提とした上で，少しでも確実に成婚率を上昇させるための，最も極端な方法を提示している。その根底には，商品化された婚活男性の中から，女性が比較考量して結婚相手として考えられる男性を選ぶ，という婚活市場の男女間の不均衡な関係をいかに崩し，婚活女性による現段階の婚活戦略を実行不可能な状況に導いていくのか，ということに主眼を置いている。たとえ善意に基づいていても，婚活に生まれ変わりの機会を見出してしまった婚活女性の婚活戦略を，アドバイスやコンサルティングで止めることはできないのだ。

あとがき

改めて，経営学者が婚活という現象に注目した意義の在り処

　本書は，筆者がそろそろ結婚しようと思い立った極めて私的な動機からスタートし，婚活という現象そのものの面白さから逃れ得なかった研究者としての業によって，書き上げられたものである。

　2018年からの２年半あまりの婚活は，私の人生を振り返っても理不尽かつ過酷な経験の連続であった。その経験を分析対象として客体化し，初めて研究論文として執筆したのが，2020年３月に情報経営学会誌に掲載された「増大するあなたの価値，無力化される私：婚活パーティーにおけるフィールドワークを通じて」であった。普段なら30分程度で書き進められる，データも揃い構成まで決まっている１頁1,200字程度の記述に１週間を費やすという，研究者として初めての経験もした。しかし，書き進めていくうちに，自分自身の経験が納得できるものに整理され，婚活中に出会った女性の行動のすべてが腑に落ち，苦しみや怒りから開放され，穏やかな気持になったのを覚えている。

　婚活市場は，人々を特有の行為へと導く力学を有した場である，ということを理解できれば，婚活に悩み苦しむ人々もいなくなるだろう。あえて私自身の恥部をさらすことを厭わず，本書を書こうとした動機はここにある。

　同時に，本書をここまで読み進めていただいた研究者の方は，なぜ，経営学者がこのような研究に取り組み，研究書として発表したのかについて疑問に思われるだろう。そこで最後に，筆者が経営学者でありながら婚活という現象に注目し，異なる研究領域にまで踏み込み，研究書の執筆に取り組むことになった理論的背景について，説明しておくことにしたい。

研究と現象との新しい関わりを目指して

　第2章において指摘しているように，山田・白河（2008）が提唱した婚活という概念は，我が国の少子化を団塊ジュニア世代以後の未婚化・晩婚化に原因を求め，それを食い止めるために戦略的に構築された概念であった。その意味で，婚活とは研究者が社会問題への介入を目指して提唱した道具的概念である。

　他方で，新たな現実として独り歩きを始めた婚活という概念を手がかりに，男も女も，そして婚活総合サービス業をはじめとした事業者も，独自の利害を見出し，行為を積み重ねていくことで婚活という現象が成立していった。いまや婚活という概念は，婚活という概念の成り立ちを考えれば問題含みではあっても，人々の新たな配偶者探索行動を研究者に改めて注目させる役割を果たしている。

　このように，研究者が生み出した概念が，人々の利害を飲み込んでいくことで独り歩きし，思わぬ社会現象として現前するとともに，その概念を起点に改めて分析を重ねていくことで新たな研究領域が切り拓かれていくといった，研究と現象との再帰的な関係が，筆者が専門とする経営学，とりわけ近年の企業家研究において求められている（eg., Steyaert, 2011；高橋・木村・石黒, 2018）。

　企業家とは経済発展現象を捉えるためにSchumpeter（1926；1950）が理論的に構築した概念であるとともに，企業家という概念に人々が込めていった英雄としてのイメージは，多くのイノベーション活動を正統化し，社会に変革を導く原動力へと化けていった。企業家研究は，その新たな社会変革活動に注目していくことで，社会企業家（social entrepreneur: Mair and Marti, 2006），ライフスタイル企業家（lifestyle entrepreneur: Claire, 2012），原住民企業家（indigenous entrepreneur；Farrelly, 2012）と企業家概念をバージョンアップし，新たな研究領域を切り拓く形で成長してきた。もちろん，このバージョンアップされた企業家概念が，さらに新たな現場の実践を生み出していくことは言うまでもない。文献を渉猟し，データを集め，論文を書く，といった一連の研究実践は，アカデミズムという閉じた世界での言論ゲームではなく，研究者

として社会に介入していく営為であることに，研究者自身が自覚的になることが求められている時代になりつつあるのである。

本書を執筆中の2020年11月から2021年4月にかけて，第3章の原型となった情報経営学会誌に掲載された査読付き論文「増大するあなたの価値，無力化される私：婚活パーティーにおけるフィールドワークを通じて」が，SNS上で拡散されるという現象が生じた。Twitterでのツイート，リツィート，いいね！の総数は3,000を記録し，YouTuberが論文を紹介した動画の視聴回数は5,000回を超えた[1]。SNS上での拡散というにはささやかな数字であるが，「増大するあなたの価値，無力化される私：婚活パーティーにおけるフィールドワークを通じて」は，J-STAGEの月間ダウンロード数で2021年3月期に1位を記録した。

Twitterでのコメントを追っていくと，この論文は研究者だけでなく，婚活に挑んでいる男女，さらには女子大生や女子高生まで読んでいた。もちろん，論文の内容については賛否が分かれるものであった。しかし，年齢を重ねれば婚活市場で自分自身の価値が無力化される可能性を危惧する婚活女性や，職場や友人関係での出会いを見直していこうとする婚活男性，更に結婚を自分自身のキャリアとして考えている女子大生や女子高生など，婚活と結婚のあり方を反省的に考え直している発言が見られた。アカデミックな狙いから書かれた論文であっても，多くの人々に読まれていく中で，社会を少しずつ変えていく力を持ちえると肌感覚で知ることができた。

婚活概念もその本来の含意を声高に主張する時期を過ぎ，この概念によって導かれた人々の新たな実践に注目していくことで，婚活という現象とこの先どのように関わっていくのかを再考していく時期に到達しつつあるのではないだろうか。

1　「論文YouTuber笹谷ゆうや：珠玉の論文を，あなたのもとへ」（https://www.youtube.com/channel/UCeLOF4Elx9Eicr9roTY2IJg）において紹介されている。

婚活戦略の持つ含意の見直し

　経営学者として，婚活をめぐる一連の研究者および現場の言説を振り返る中で筆者が疑問に感じたのが，「人々が結婚すること」に重きを置き，婚活が「世帯所得を基準とした男女間の合意を求める行為」であることを強調し，男性には女性に配偶者として認められる努力を，女性には男性の平均所得の現実を踏まえた妥協を求めすぎてはいないか，という点であった。

　良くも悪くも，婚活という概念は，高収入の男性を配偶者として獲得する（eg., 関口，2010）ことを目指す，女性の婚活戦略を切り拓いた。多くの人が指摘するように，その婚活戦略は女性自身の結婚を遠ざけてしまっている。更に，そのような女性を前にして，男性たちが結婚そのものの意義を見直し，徐々に婚活市場から撤退し，「おひとりさま」として生きていくことを受け入れ，その方法を模索し始めている（上野，2012）。2019年に荒川が『結婚滅亡』を，山田が『結婚不要社会』を相次いで発表し，結婚の意義そのものを見直していく必要性を指摘しながらも，現場レベルでは結婚のために男性には努力を，女性には妥協を求めていることに，筆者は違和感を感じざるを得なかった。

　果たして，そこまで女性の婚活戦略は否定されるべきものだったのだろうか。むしろ本書が第5章で試みたように，婚活という概念から発生した女性たちの新たな配偶者探索の行動を，女性が人生を取り戻す活動として肯定的に捉え直し，その女性たちをサポートする業態として婚活総合サービス業を再定位していくことで，結婚と少子化問題を接続するこの研究領域の持つ認識前提そのものを問い直していくことができるのではないだろうか。

　本書が用いた婚活戦略という概念は，婚活市場という固有の力学を有する場において，より良き人生を求める人々の行為を捉える概念として戦略的に提言したものである。女性がより高収入の男性を配偶者として求めること，男性がより若く魅力的な容姿の女性を配偶者として求めることの，どこが悪いのだろうか。その当然の欲求を肯定したまま捉えていくために，経営学の知見に基づき，婚活市場という場において可能となる婚活戦略という概念を，本書では用いることにした。

制度的空間としての婚活市場

　この婚活市場と婚活戦略という概念の基盤となったのが，制度派組織論（institutional theory）における，制度的空間（institutional space）に関する議論であった。

　制度派組織論は，自明の社会的事実としての制度に注目していくことで，不確実性に満ちた世界の中で制度を参照し，自身を制度化していく主体によって構築される秩序＝組織に注目していく（桑田・松嶋・高橋，2015，iv-viii頁）。一方で人々は，市場メカニズム（eg., Delmar and Shane, 2004），歴史や伝統・文化（eg., Rao, Monin and Durand, 2003），法システムと専門職制度（eg., Greenwood and Hinings, 1996）といった制度的環境のもとで主体化され，自らの利害を見出すと同時に，それを達成するための手段を獲得していく（eg., Hoogenboom and Ossewaarde, 2005）。他方でその利害の達成は，同様に制度的環境から利害と手段を見出す他者を惹きつけ，巻き込んでいく組織フィールドの構築として分析された（Wooten and Hoffman, 2008, p. 134）。

　この組織フィールドという概念をより先鋭化し，よりマイクロなアクターの実践に注目していくのが，制度的空間への注目である。制度は自明の社会的現実であるとともに，人々の実践を導くハイブリッドな実在物である（e.g., Levy and Scully, 2007）。例えば，法制度や文化的・歴史的背景に根ざした評価基準や規則，専門家や技術者，科学者が提供する計測機器や評価機関といった，他者の行為に影響を与える抽象的・具象的に構築される制度化された空間に注目していくことで，我々は優位性の獲得を目指す主体の行為戦略を見出すことが可能になる（e.g, Lawrence and Dover, 2015；Creed, Taylor and Hudson, 2019）。

　このハイブリッドな実在物として構築された制度的空間として本書が注目したのが，婚活市場である。収入面でも，生活スタイルの面でも，更には恋愛感情の面でもより良き異性を選ぶという婚活女性の価値観のもとで，婚活総合サービス業が収入や職業，学歴，ライフスタイルなどの指標に基づいて人々を比較可能なカタチでカテゴライズすることで構築される制度的空間が婚活市場

である。この制度的空間としての婚活市場において人々は良くも悪くも自らの利害を見出し，その場を利用した婚活戦略が生み出されていくことになる。

　ところが，本書の第3章，第4章で描いてきたように，婚活女性の婚活戦略はもはや，より良い配偶者を求める行為を超えて，「高収入でイケメンの彼氏／旦那が欲しい」「美味しいものが食べたい」「ブランド物のバッグが欲しい」といった，女性のあらゆるニーズを満たしていくための戦略が展開されていた。筆者の婚活での経験は，残酷でありながらも，婚活市場という制度的空間で可能となる婚活戦略の帰結だったのだ。

ポジティブな感情に根ざした未婚化・晩婚化

　本書は，この婚活戦略を制度的空間で可能となる実践として注目することで，婚活という現象の抱える問題について，経営学の持つ独自の視座から新たな知見を提供できると筆者は考えている。ただしそれは，男女の配偶者探索に介入し少子化問題の解決を目指した婚活概念のそもそもの含意からすると，皮相的であるかもしれない。

　私自身が経験した婚活戦略は，婚活市場という制度的空間において可能になる。同時に，婚活市場そのものも，この制度的空間に根ざして婚活のプレイヤーとして主体化された私たちの日々の婚活戦略の応酬によって，拡大再生産を続けている。より具体的には，婚活パーティーの参加費，婚活総合サービス企業への登録費や月会費といった金銭の循環と，自由な出会いと恋愛を経た結婚という行為の連鎖が婚活市場の再生産を支えているのである。

　そして，この婚活市場の存在を正統化しているのが，バブル経済崩壊後に主流となった自由恋愛から発展したロマンティック・マリッジ・イデオロギーであるだろう。より良き伴侶を得るために恋愛が手段として開放された現代において，異性を多様な指標でカテゴライズし比較考量が可能なサービスを提供する婚活総合サービス業の登場は，必然であったのかもしれない。

　同時に，結婚によって恋愛が正統化されてきたかつてのロマンティック・ラブ・イデオロギーの消失が，仲人や結婚相談所を媒介とした見合い結婚の退潮

とパラレルに生じたことに，我々は改めて注目すべきだろう。第二次世界大戦後の民主化によって，自由恋愛による結婚は，自立した個人が目指すべきものとして，価値観としても法制度としても正統化されていった。その中で，家と家の結びつきや，会社＝家の維持を想像させる仲人と結婚相談所を媒介とした結婚は，古い価値観を体現するものとして退けられ，結婚相談所は婚活総合サービス業へと業態を変化させていった。旧来の価値観との衝突こそあれ，そこにあったのは自由恋愛による結婚を肯定する人々の感情であった。

　制度派組織論の代表的研究者であるFriedland（2018）は「多くの感情は基本的なものではなく，むしろ複雑な物質的，認知的，実用的，評価的，情緒的要素を含む制度的な形成の一部である」（p.520）と指摘する。抽象的・具象的に構築された制度的空間において人々は，アイデンティティの獲得や自分自身の優位性の発見，利害の獲得や衝突を，喜びや怒り，不安や悲しみとして経験していく（eg., Creed, Hudson, Okhuysen and Smith-Crowe, 2014）。この感情は，制度の維持と拡大をもたらし，時には崩壊を招く実践へと我々を導いていくことになる。

　この知見を踏まえれば，ロマンティック・ラブ・イデオロギーからロマンティック・マリッジ・イデオロギーへの変化と，見合い結婚の退潮と婚活市場の出現・拡大は，その変化を肯定するポジティブな感情によって導かれたと考えることができるだろう。私が2年半あまりの婚活で経験した女性の婚活戦略を，改めて見直していただきたい。彼女たちはあくまでポジティブに，婚活市場という場を利用してより良い配偶者を求めていく。もちろん，そう簡単には良い男性が見つからない，という問題は抱えているだろう。しかし婚活市場において人々は，通常の職場や学校で経験する出会いや恋愛関係のように，相手の人間性を尊重したり，周りの人間関係に配慮する必要は最小限なものになる。彼女たちは，婚活市場ではストレスから開放された状態で，理想の結婚相手を納得いくまで探索していくことができる。

　私自身，怒りや悲しみに満ちた婚活であったものの，婚活を継続できたのは，職場や親族の人間関係にとらわれず異性と出会える環境には快適さを感じてい

たからだった。おそらく，婚活市場で突出した価値の持つ男性（より若く，より高収入，よりイケメン）にとって婚活市場は快適な環境であると感じるだろう。このような，婚活市場で感じるポジティブな感情が，この制度の拡大再生産を支えていると考えられる。

　同時に，先行研究が指摘しているように，もっと良い人がいるかも知れないと結婚を先送りしていくことによって，婚活が一般化されつつも未婚化・晩婚化が進んでいるのも事実である。しかし，改めて，私が第3章において描いた，クリスマスに経験した別れの場面を読み返してほしい。婚活市場のプレイヤーと化すことで，人々は後ろめたさや将来への不安，危機感を最小化した状態で，あくまでポジティブに恋愛関係を解消し，結婚を先送りしているのである[2]。そのような個人のポジティブな感情に対して，「選り好み」するなとお説教することも，ましてや少子化という国家レベルの問題から意識改革を迫ることも，有効なアプローチではないと考えられる。

婚活と結婚の終末を目指して

　企業家研究の古典の一つである『資本主義・社会主義・民主主義』においてSchumpeter（1950）は，企業家による新結合（イノベーション）が繰り返され，もはや成長する余地がなくなるほど発展した資本主義の先に，政治的選択としての社会主義や科学的に管理された資本主義社会の到来を構想した（邦訳，205-210頁）。つまり，資本主義を加速した先に，理想郷に至る道が切り拓かれる。だからこそ企業家研究は，理想郷への歩みを少しでも加速するために，企業家を変革の英雄として称揚してきた（eg., Steyaert, 2011）。

　本書が提示する婚活戦略の先にあるのは，収入や職業，容姿などの条件を満たした上で，恋愛感情を抱ける相手以外とは，結婚する必要性はないと男女ともに判断する，ロマンティック・マリッジ・イデオロギーの終末としての非婚化であると，筆者は考えている。このロマンティック・マリッジ・イデオロ

2　その意味では，そう割り切れなかった私が，婚活のプレイヤーとして未熟であった。

ギーの終末を迎えたとき，男女の恋愛や結婚そのものを見直していく機運が生まれるのではないだろうか。

ロマンティック・マリッジ・イデオロギーの先に，どのようなイデオロギーと，それを支えるどのような新たな社会システムが生まれるかはわからない。ひょっとしたら，少子化に耐えられなくなった社会が，家＝国家の再生産を前提としてイデオロギーを逆走させ，リファインされた見合い結婚が復活するかもしれない。しかし，どちらにせよ婚活が行き着く終末を経ずして，その未来が訪れることはない。

本書が悲しみに満ちた婚活パーティーと婚活総合サービスでの婚活経験の記述を経て，第5章において女性の婚活戦略を全面的に肯定しているのも，恋愛や結婚をめぐる現代の状況を変えていくためには，ポジティブな感情を煽った先に変革が加速されると考えたからである。この変革を加速していくためには，読み手側の感情を揺さぶり，そこから自身の認識前提を内省していくことで現象に介入していく，オートエスノグラフィーという方法が必要不可欠であった。

他方で，自分自身の経験を対象化するというオートエスノグラフィーという方法を用いたが故に，婚活市場において「選ぶ側」に立った婚活男性と，「選ばれる側」に陥った婚活女性たちの婚活戦略について，本書は十分な記述をすることができなかった。おそらくは婚活女性の立場から見れば，男性も自分たちと同じく，あらゆる欲望を婚活市場という場を利用して実現しようとする婚活戦略を実践していることだろう。男性であり，婚活市場では価値の低い筆者には，「選ばれる側」に陥ってしまった女性側から見た婚活現象を記述することは不可能である。この点については，本書に触発された研究が現れることを期待したい。そのような研究が発表された時，経営学者として婚活現象に関わり，本書を執筆した学術的な意義が生じると考えている。

もちろん，本書の結婚と恋愛，そして婚活に関する論考については，誤解や誤謬を避けることはできない。更には，私自身の経験のみを対象化したオートエスノグラフィーという方法への疑義も，当然ありうべきものであると考える。

しかし本書の記述が，婚活という現象を形作り，多くの研究を蓄積してきた

先行研究に対して，婚活から恋愛や結婚を見直していく新たな論点を提供できたとすれば，幸いである。

謝辞

　本書の出版には，多くの方のご協力とご支援が不可欠であった。

　神戸大学大学院経営学研究科の松嶋登教授からは，価値評価研究という本書のバックボーンとなる議論を提供していただいただけでなく，折に触れて本研究に関わるディスカッションに付き合っていただいた。私の婚活パーティーでの経験を聞いた松嶋先生から，その経験をまとめて情報経営学会誌の価値評価研究特集号に投稿するという提案がなければ，本書はこのような形で完成することはなかった。

　筆者の婚活の経験を，論文・書籍としてまとめ上げていく過程において，九州産業大学・木村隆之准教授，静岡文化芸術大学・曽根秀一准教授，東京経済大学・石黒督朗准教授からは，それぞれ離婚経験を持つ大学教員，新婚の大学教員，結婚適齢期の独身大学教員の立場での，婚活や結婚生活について様々なコメントをいただいた。筆者には持ち得ないそれぞれの立場からのコメントは，本書の執筆過程において大きな力となった。

　あらゆる意味で挑発的な内容の本書の編集を務めていただいた株式会社中央経済社の浜田匡氏には，本書が学術の世界だけではなく広く一般の読者の方にも響く内容となるために，様々なアドバイスをいただいた。本書が婚活に挑むすべての人々に響くものになったとしたら，学術に偏りがちな筆者の文章に細やかなアドバイスとご提案をしていただいた，浜田氏のご尽力の結果である。

　また本書は，婚活のオートエスノグラフィーという難しいテーマに取り組む筆者を暖かく見守っていただいた東京都立大学経済経営学部の同僚の先生と，校正作業にご協力いただいた谷口正一郎氏，川名喜之氏，田代昌彦氏，駒田惇氏といった博士後期課程の大学院生の方々の有形無形のご支援抜きには完成しなかった。このような研究の実践を受け入れていただける，東京都立大学という研究の場には，特に感謝の意を表したい。

　最後に，常に筆者の結婚を気にかけてくれていた祖父・山中信雄と母・高橋初美には，努力はしたものの結婚には至らなかった不出来な孫・息子であることへの謝罪と，これまで愛情をもって育てていただいた感謝，そして，残りの人生を研究者として生きていく覚悟を，本書の発表を通じて伝えられれば幸いである。

2021年 8 月18日

高橋　勅徳

本書は以下の助成に支えられたものである。

JSPS科学技術研究費・基盤研究B 2018〜2021年度　日本型イノベーション・マネジメントの理論的・経験的探求（課題番号 18H00886）代表者（高橋勅徳）

▶▶引用文献

Adams, T. E. (2006). Seeking father: Relationally reframing a troubled love story. *Qualitative Inquiry,* 12(4), 704-723.

荒川和久 (2019)『結婚滅亡：「オワ婚」時代のしあわせのカタチ』あさ出版.

Boyle, M., & Parry, K. (2007). Telling the whole story: The case for organizational autoethnography. *Culture and Organization,* 13(3), 185-190.

Claire, L. (2012). Re-storying the entrepreneurial ideal: Lifestyle entrepreneurs as hero?. *Tamara: Journal for Critical Organization Inquiry,* 10(1), pp. 31-39.

Creed, W.E.D., Hudson, B.A., Okhuysen, G.A., & Smith-Crowe, K. (2014). Swimming in a sea of shame: Incorporating emotion into explanations of institutional reproduction and change. *Academy of Management Review,* 39(3), 275–301.

Creed, W. D., Taylor, S. S., & Hudson, B. A. (2019). Institutional aesthetics: Embodied ways of encountering, evaluating, and enacting institutions. *Organization Studies.*

Delmar, F., & Shane, S. (2004). Legitimating first: Organizing activities and the survival of new ventures. *Journal of business venturing,* 19(3), 385-410.

Ellis, C. (2002a). Shattered lives: Making sense of September 11th and its aftermath. *Journal of contemporary Ethnography,* 31(4), 375-410.

Ellis, C. (2002b). Being real: Moving inward toward social change. *International Journal of Qualitative Studies in Education,* 15(4), 399-406.

Ellis, C., Adams, T. E., & Bochner, A. P. (2011). Autoethnography: an overview. *Historical social research/Historische sozialforschung,* 273-290.

Ellis, C., & Bochner, A. (2000) Autoethnography, personal narrative, reflexivity. In N. K. Denzin & Y. S. Lincoln (Eds.), *Handbook of qualitative research, 3rd ed.* Sage Publications, 733–768.

Farrelly, T. (2012). Community-based ecotourism as indigenous social entrepreneurship. *The Routledge Handbook of Tourism and the Environment. Routledge, London,* 447-459.

Friedland, R. (2018). Moving institutional logics forward: Emotion and meaningful material practice. *Organization Studies,* 39(4), 515–542.

Goodall, H. L. (2006). *A need to know: The clandestine history of a CIA family.* Left Coast Press.

Granovetter, M. S. (1973). The strength of weak ties. *American journal of sociology,* 78(6), 1360-1380.

Greenwood, R., & Hinings, C. R. (1996). Understanding radical organizational change: Bringing together the old and the new institutionalism. *Academy of management review,*

21（4），1022-1054.

Hoogenboom, M., & Ossewaarde, R.（2005）. From iron cage to pigeon house: The birth of reflexive authority. *Organization studies,* 26（4），601-619.

今井重男（2015）「江戸時代の結婚習俗とそのビジネス性」『千葉商大論叢』第52巻第2号，pp. 17-31.

石神賢介（2011）『婚活したらすごかった』新潮社.

岩澤美帆・三田房美.（2005）「職縁結婚の盛衰と未婚化の進展」『日本労働研究雑誌』第535号，pp. 16-28.

小林盾（2012）「恋愛の壁，結婚の壁：ソーシャル・キャピタルの役割」『成蹊大学文学部紀要』第47巻，pp. 157-164.

小林盾（2019）「若者の恋愛：誰が草食化したのか」小林盾・川端健嗣（編）『変貌する恋愛と結婚：データで読む平成』新曜社，pp. 13-29.

小林盾・能智千恵子（2016）「婚活における結婚の規定要因はなにか：婚活研究の視点から，えひめ結婚支援センターを事例とした量的分析」『理論と方法』第31巻第1号, pp. 70-82.

小林盾・川端健嗣編（2019）『変貌する恋愛と結婚：データで読む平成』新曜社.

小林盾・大崎裕子（2019）「恋愛から結婚：恋愛は結婚へのパスポートか」小林盾・川端健嗣（編）『変貌する恋愛と結婚：データで読む平成』新曜社，pp. 86-97.

國部克彦・澤邊紀生・松嶋登（2017）『計算と経営実践：経営学と会計学の邂逅』有斐閣.

桑田耕太郎・松嶋登・高橋勅徳（2015）『制度的企業家』ナカニシヤ出版.

Lamont, M.（2012）. Toward a comparative sociology of valuation and evaluation. *Annual review of sociology,* 38, 201-221.

Lawrence, T. B., & Dover, G.（2015）. Place and institutional work: Creating housing for the hard-to-house. *Administrative Science Quarterly,* 60（3），371-410.

Levy, D., & Scully, M.（2007）. The institutional entrepreneur as modern prince: The strategic face of power in contested fields. *Organization studies,* 28（7），971–991.

Mair, J., & Marti, I.（2006）. Social entrepreneurship research: A source of explanation, prediction, and delight. *Journal of world business,* 41（1），36-44.

松嶋登（2020）「特集「価値評価研究」に寄せ」『日本情報経営学会誌』第40巻第1-2号，pp. 3-8.

三島光世（2019）『「普通」の結婚が，なぜできないの？』WAVE出版.

三輪哲（2010）「現代日本の未婚者の群像」佐藤博樹・永井暁子・三輪哲（編）『結婚の壁：非婚・晩婚の構造』勁草書房，pp.13-39.

森岡正博（2008）『草食系男子の恋愛学』メディアファクトリー.

中村真理子（2017）「出会いと結婚の半世紀：人口学からみた変化と連続性」山田昌弘・床谷文雄・平井晶子（編）『家族研究の最前線②　出会いと結婚』日本経済評論社，pp.45-70.

中山太郎（1928）『日本婚姻史』春陽堂.

落合恵美子（2004）「歴史的に見た日本の結婚」『家族社会学研究』第15巻第2号, pp. 39-51.

O'Shea, S. C.（2019）. Cutting my dick off. *Culture and Organization,* 25（4），272-283.

大瀧友織（2010）「自治体による結婚支援事業の実態：そのメリットとデメリット」山田昌

弘（編）『婚活現象の社会学：日本の配偶者選択のいま』東洋経済新報社，pp.81-120.

小澤千穂子・山田昌弘（2010）「結婚仲人の語りから見た「婚活」」山田昌弘（編）『婚活現象の社会学：日本の配偶者選択のいま』東洋経済新報社，pp.65-80.

Rao, H., Monin, P., & Durand, R. (2003). Institutional change in Toque Ville: Nouvelle cuisine as an identity movement in French gastronomy. *American journal of sociology*, 108(4), 795-843.

阪井裕一郎（2009）「明治期「媒酌結婚」の制度化過程」『ソシオロジ』第54巻第2号，pp. 89-105.

Schumpeter, J.A (1926) *Theorie der Wirtschaftlichen Entwicklung:eine Untersuchung ube Unternehmergewinn, Kapital, Kredit, Zins und den Konjunkturzyklus*, 2nd revised ed., Leipzig: Duncker and Humblot（塩野谷祐一・中山伊知郎・東畑精一訳『経済発展の理論：企業者利潤・資本・信用・利子および景気の回転に関する一研究　上巻・下巻』岩波文庫，1977年）.

Schumpeter, J. A. (1950) *Capitalism, Socialism, and Democracy*, 2nd edition, Harper（中山伊知郎・東畑精一訳（1995）『資本主義・社会主義・民主主義』東洋経済新報社）.

関口文乃（2010）「婚活ブームの二つの波：ロマンティック・ラブの終焉」山田昌弘（編）『婚活現象の社会学：日本の配偶者選択のいま』東洋経済新報社，pp. 121-160.

Steyaert, C. (2011). Entrepreneurship as in (ter) vention: Reconsidering the conceptual politics of method in entrepreneurship studies. *Entrepreneurship and Regional Development*, 23(1-2), 77-88.

鈴木裕之（2015）『恋する文化人類学者：結婚を通して異文化を理解する』世界思想社.

高橋勅徳（2020）「増大するあなたの価値，無力化される私：婚活パーティーにおけるフィールドワークを通じて」『日本情報経営学会誌』第40巻第1-2号，pp.201-215.

高橋勅徳（2021）「新興市場でのオートエスノグラフィー：婚活市場において商品化される私」『経済経営研究』第3号，pp. 1-32.

高橋勅徳・木村隆之・石黒督朗（2018）『ソーシャル・イノベーションを理論化する：切り拓かれる社会企業家の新たな実践』文眞堂.

谷本奈穂・渡邉大輔（2016）「ロマンティック・ラブ・イデオロギー再考：恋愛研究の視点から」『理論と方法』第31巻第1号，pp. 55-69.

上野千鶴子（2012）『男おひとりさま道』文藝春秋.

Vatin, F. (2013). Valuation as evaluating and valorizing. *Valuation Studies*, 1(1), 31-50.

Wooten, M., & Hoffman, A. J. (2008). Organizational fields: Past, present and future. *The Sage handbook of organizational institutionalism*, 1, 131-147.

Wyatt, J. (2008). No longer loss: Autoethnographic stammering. *Qualitative Inquiry*, 14(6), 955-967.

山田昌弘（2010）「「婚活」現象の裏側」山田昌弘（編）『婚活現象の社会学』東洋経済新報社，pp. 17-42.

山田昌弘（2016）「家族社会学，感情社会学の視点からのコメント」『理論と方法』第31巻第1号，pp. 94-98.

山田昌弘（2019a）「婚活：婚活と出会いをめぐって」小林盾・川端健嗣（編）『変貌する恋
　愛と結婚：データで読む平成』新曜社，pp.107-121。
山田昌弘（2019b）『結婚不要社会』朝日新書.
山田昌弘・白河桃子（2008）『「婚活」時代』ディスカヴァー・トゥエンティワン.
山田昌弘・白河桃子（2013）『「婚活」症候群』ディスカヴァー・トゥエンティワン.

●著者紹介

高橋　勅徳（たかはし　みさのり）
1974年愛媛県生まれ

学歴
1999年神戸大学大学院経営学研究科博士課程前期課程修了
2002年神戸大学大学院経営学研究科博士課程後期課程修了。博士（経営学）

職歴
沖縄大学法経学部専任講師（2002-2003年度）
滋賀大学経済学部准教授（2004-2008年度）
首都大学東京大学院社会科学研究科准教授（2009年-2017年度）
東京都立大学大学院経営学研究科准教授（2018年度-現在）

専攻
企業家研究，ソーシャル・イノベーション論

主要な研究業績
高橋勅徳（2008）『企業家の社会的構成：起業を介した組織／集団の再生産と起業家精
　神』滋賀大学経済学部研究叢書
桑田耕太郎・松嶋登・高橋勅徳（2015）『制度的企業家』ナカニシヤ出版
高橋勅徳・木村隆之・石黒督朗（2018）『ソーシャル・イノベーションを理論化する：
　切り拓かれる社会企業家の新たな実践』文眞堂

受賞歴
2009年　第4回日本ベンチャー学会清成忠男賞本賞 受賞
2019年　日本NPO学会 第17回日本NPO学会賞 優秀賞 受賞

婚活戦略

商品化する男女と市場の力学

2021年10月15日　第1版第1刷発行
2021年11月20日　第1版第2刷発行

著　者　高　橋　勅　徳

発行者　山　本　　　継

発行所　㈱中　央　経　済　社

発売元　㈱中央経済グループ
　　　　パ ブ リ ッ シ ン グ

〒101-0051　東京都千代田区神田神保町1-31-2
電話　03 (3293) 3371(編集代表)
03 (3293) 3381(営業代表)
https://www.chuokeizai.co.jp

印刷／三 英 印 刷 ㈱
製本／㈲井 上 製 本 所

© 2021
Printed in Japan

老舗企業の存続メカニズム

宮大工企業のビジネスシステム

曽根　秀一［著］

世界最古の企業である金剛組をはじめ，竹中工務店などの超長寿企業に着目。ビジネスシステムの理論を応用して，老舗企業の存続（あるいは衰退）のメカニズムを明らかにする。

♛ 受賞履歴
・ファミリービジネス学会学会賞（2019年度）
・日本地域学会学会賞著作賞（2019年度）
・日本ベンチャー学会清成忠男賞（2019年度）
・中小企業研究奨励賞本賞（2019年度）
・企業家研究フォーラム賞（2020年度）

● Ａ５判／268頁　● ISBN：978-4-502-29981-0

◆本書の主な内容◆

中央経済社